高校野球で本当にあった心温まる物語

寺下友徳 編

SOGO HOREI PUBLISHING CO., LTD

目次

東北初の女性監督と一緒に目指した甲子園

涌谷高（宮城）

届かなかった1勝——悔いの残る敗戦

ごめんね——。

ゲームセットが宣告されると、宮城県涌谷高校の監督は心の中でそう呟いた。

２０１７年7月16日。第99回全国高等学校野球選手権宮城大会は３日目を迎えていた。仙台市民球場の第3試合目に合わせ、球場入りした涌谷。バスを降りると、テレビカメラが待ち受けていた。１５０キロの直球を投げる投手がいるわけでもない。何十本もホームランを打っている選手がいるわけでもない。そんな超高校級の選手がいるわけではないのに、球場入りからテレビカメラが回っていたのは、このチームを指揮する監督が女性だからだった。

涌谷の阿部奈央監督。16年に体育科の教員として採用され、涌谷に赴任した。生徒から「ナオ先生」と呼ばれ、親しまれている。赴任した年、野球部顧問として部長を務め、監督の早坂憲人先生（現石巻高監督）とのコンビで1年間、活動した。17年3月、早坂先生が石巻に異動。ナオ先生は早坂先生から監督を任された。

春季大会の東部地区予選では、早坂先生の転勤先である石巻に初戦で0－16のコールド負け。敗者復活戦では、その後、県大会8強入りを果たす石巻工高に1対4で敗れていた。公式戦で勝てなかったため、涌谷ナインは「ナオ先生に1勝を！」と、夏の大会に挑んだ。

時折、雨が落ちる中で行われた仙台高専名取との試合は、1対2で惜敗した。

「ありえないな、自分。みんな、ごめん。そういう感じでした。部員たちもそうなんですけど、父兄の方々も協力的でいい方ばかりで。スタンド挨拶に行ったら、泣いているお母さんたちもいたりして。私も泣いてしまうなと思ったんですけど、なんか違うなって思ったんですよ。今までの想いとかが頭の中を巡って、3年生ひとりひとりの顔が浮かんできて、苦労もしたけど最後まで全員が頑張ったよなと思ったら、泣いている場合じゃないなって。涙は引っ込みました」

宮城県はもちろん、東北地方でも初となる女性監督だったため、大きな注目を集めた。試合後、ナオ先生は多くの記者に囲まれた。インタビューを終えると、選手11人、女子マネージャー3人の部員たちのもとへ向かった。

「私、自分の思いを言葉にして伝えることが苦手なんですよね。語彙力がないし」と言葉は多くないが、ストレートな気持ちを選手たちに発した。

頼りなくてごめん。

迷惑をかけて申し訳なかった。

でも、ここまで一緒にやってきてよかった。

野球ができて楽しかった。

カッコつけた言葉はない。でも、それが実に生徒と一緒に歩いてきたナオ先生らしかった。

教員一家で育ったナオ先生

ナオ先生は石巻市で育った。父親が高校の、母親が小学校の教員。「あまり家にいなかったイメージ」だったが、それが当たり前だと思っていた。忙しい両親に代わって、祖父母が面倒を見てくれて、寂しさは感じなかったようだ。父輝昭さん（現石巻北高部長）は高校の野球部の監督で「小さい時から部活を頑張っている姿を見てきた」と話す。幼い頃、野球部の合宿について行った思い出がある。

中学でソフトボールを始め、高校でも続けようと思った。石巻市内にはソフトボールの強豪校もあったが、「一生、ソフトボールで食べていくわけじゃない」と、進学を視野に入れ、進学校である石巻高に進んだ。ところが、当時の石巻高は06年に男子校から男女共学になったばかりで、ナオ先生はその２期生。ソフトボール部はなかった。創部を目指して声がけをしたが、仲間は募れず、なんと、硬式野球部の門を叩いた。

実は、筆者は高校時代のナオ先生を取材している。取材ノートには高校３年のナオ先生の声が記されている。

「自分に厳しくできる部活に入りたかったので、硬式野球部に入りました。部員は戸惑ったと思います。打ち解けるのに時間がかかりました。練習は想像以上にきつくて、自分の甘さを感じました。ソフトボールとルールも違って、体力面でも男女の差を痛感しました」

そう、ナオ先生はマネージャーではなく、プレーヤーとして入部したのだ。「最初からマネージャーは考えていなくて、自分でプレーしたかった」というのが理由。宮城県高野連では、県内初の女性選手とされている。

ただ、1年生の夏が終わり、転機が訪れる。8月に行われた合宿で試合に出ていなかったナオ先生は裏方の仕事をするようになった。これをきっかけに、徐々にサポートに回るようになった。練習道具の出し入れをしたり、ノックの際に監督にボールを渡したり、打撃マシンにボールを入れたり、飲み物を作ったりと一般的な女子マネージャーと同様の仕事をした。ただ一つ、違ったことがある。それは、選手が自主練習をする時にノックを打っていたことだ。

部活をしながら、週2回は隣町の社会人ソフトボールチームに所属してプレーした。

「やっぱり、自分でプレーしたいなって。ピッチャーをやっていて、楽しいです。チームで高校生は一人だけ。ほかの選手は40代とかで、自分の子どものように接してくれます」と、高校生のナオ先生は話してくれた。ソフトボールへの思いも捨て切れていなかった。

将来の希望を聞くと、「体育の教師とか」と答えている。両親の影響で、教員に興味があった。

「母が丸つけ（採点）とか、家でやるんですよ。今は、そういうのを学校から自宅に持ち帰ってはダメなんですけど。小さい頃にそういう姿を見ていると自分もやりたいみたいな。そこからかなぁ。100点とか、なんでそんなにきれいに書けるのって。ゼロ2つを上でつなげる100点、めっちゃ練習して、ハハハハハ」

高校野球を終えたナオ先生は東京女子体育大に進学した。ソフトボール部に入ろうとしたが、断念した。東京女子体育大のソフトボール部は、ソフトボール界にトッププレーヤーを送り込み、何度も大学日本一に輝いている名門チームだった。せっかくなら新しいスポーツに挑戦しようといろんな部を見学したが、最終的には「野球、やっかなぁ」と、軟式野球部に入った。

週4日の練習に出ていたが、徐々に野球に対する部員たちとの価値観の違いを感じるようになった。1年生が間もなく終わるという頃、東日本大震災が発生。故郷・石巻は津波で甚大な被害を受け、姿を変えた。

「震災が直接の原因ではないんですけど、私、弱い人間なので、逃げちゃった感じです」

抱えていた思いがあったのだろう。そこに震災も重なった。野球部は2年生で退部したが、高校の年配の先輩たちに誘われて草野球でプレー。野球との縁は続いた。ちなみに、大学3年からはなんと、「美術部に入っていました。体育大なのに（笑）」。ナオ先生は、中学3年の時、大きな展覧会で入賞した才能の持ち主でもあった。

充実した大学生活を送り、教員免許を取得。14年、ふるさとに戻り、母校・石巻で2年間、講師をした。教員採用試験3度目の挑戦で合格。16年、新米教師として涌谷に赴任した。

ノックバットを持ってグラウンドへ

「今度来る女の先生、ソフトボールをやっていたらしいぜ」

「ソフト部で教えたら、強くなんじゃねえか」

16年春。涌谷ではそんな話題で盛り上がっていた。

4月、野球部員は監督の早坂先生から学校の会議室の前でメガネをかけたスーツ姿の女性を紹介された。今年の部長だ、と——。

部員たちは驚き、ざわついた。メガネのインパクトが強く、「最初、国語の先生だと思いました」と話すのは引地颯。これがナオ先生と涌谷野球部との出会いだった。ナオ先生が早坂先生から最初に与えられた仕事は、部員たちの春休みの課題のチェックだった。

それから数日後、選手たちは春の大会に向けて練習していた。ランニング、キャッチボール……。だが、いつもと違う光景があった。３年夏に主将を務めた大森優輝が話す。

「最初の頃は練習を見ていたんです。でも、体育の先生で野球もやっていたというので『どれくらいできるのかな』と思っていました。で、ある時、バックネットに向かって一人でノックの練習を始めて」

ナオ先生が涌谷に赴任すると知った早坂先生は、ノックバットを用意して待っていた。

「私が初めて来た日にはもう、『これ、先生のだから』って用意してあって。バットは木製です。『やっぱり、木製で打たなきゃね』って言われて（笑）。去年、監督になった時も、名前入りのノックバットプレゼントしていただきました。本当、お世話になりましたね、早坂先生には」

久しぶりに打つ野球のノック。練習をして、いざ、選手たちに打った。

「内野は、結構良かったと思いますけど、外野に飛ばすのが、結構難しかったみたいで。外野は結構、前に行って捕っていましたね。なので、ナオ先生がマウンドら辺まで来て打っていました」（大森）

「ナオ先生、ノックが外野に届かないじゃないですか。外野手はたぶん、不満だったと思うんです。自分は内野なんですけど、逆に内野は良かったかなと思います。センターとライトとセカンドの間やファースト後方とか、そういうところのフライって打つの難しいので。結構、守備範囲は広くなりました」（引地）

春季大会の地区予選。責任教師としてベンチ入りしたナオ先生はユニホームを着て、試合前の内野ノックを担当した。

春は地区予選で1勝したが県大会に進めず、夏は初戦を突破したが3回戦で1点に泣いた。秋も県大会は遠く、戦いに敗れて冬に入った。

練習試合が解禁になった3月。その後半くらいからナオ先生が采配を振るようになった。

「初戦が岩ヶ崎高だったんですけど、その時に勝って、選手たちがウイニングボールをわざわざケースに入れてくれました」とナオ先生。

なぜ、指揮を執るようになったのかというと、早坂監督が異動することになったからだ。宮城県の教員が初任の学校に勤務できるのは基本的に4年。異動は既定路線だったので、早坂先生はナオ先生を後任にするため、ノックバットを用意していたのだ。

ただ、ノックを打つことが監督の仕事ではない。部活動指導がどういうものかも1年かけて伝えた。

こうして、宮城県、東北地方で初めてとなる高校野球部の女性監督が誕生した。

選手たちはどう思ったのか。捕手だった榊田千大が話す。

「監督が代わることになりましたが、逆に他の高校から監督が来て、ああだこうだと言われるよりも、前からいるナオ先生は自分たちのいいところをわかっているので、そういう面ではナオ先生が監督でよかったなと思います。早坂先生のもとで自分たちのことをみて、落ち込んでいる時とか『元気ないよ。どうしたの？』とか声をかけてくれて、実はこういうことがあって、と話して気が楽になることもありました」

チームを理解している先生がいることは心強かった。ただ、不安が全くなかったかといえば嘘になる。大森が話す。

「やっぱり、あの熱血な早坂先生のあとの女性監督なので。早坂先生はいつも明るくてユニークな先生でした。怒る時は、怒りますけど。練習ではいろんなトレーニングの仕方を教えてくれたり、プロ野球の選手の動画を参考にさせてくれたりして」

野球に関する知識をたくさん教えてくれた早坂先生との別れに不安だった。「でも、ナオ先生は早坂先生の代わりになろうといろいろやってくれた」と大森。技術的な部分では卒業生が教えてに来てくれてカバーしてくれることもあった。

監督・ナオ先生は選手たちと前を見続けて成長していった。

「自分たちの意見を聞いて、『それで、どうしようか？』って進めてくれました」と大森。

「ナオ先生はランナーが出たらとりあえずバントで送ることが多かった」と振り返る引地は「足が速い選手もいるのでエンドランとかも入れてけば良いんじゃないですか」と進言したことがある。

また、「ナオ先生は経験が浅いので、自分たちで考えて、選手内でサインを決めてやることもありました。打者と走者でサインを出してみたり。その日によって変わるんですけど、『2ストライクまで振らないから、自由に走って良いよ』とか」とも。決して、選手が自由奔放にやっているわけではない。結果的に選手たちが自ら考え、試していける環境ができあがっていった。

そしてもうひとつ引地がエピソードを加えてくれた。

「ナオ先生、サイン出すのがちょっと苦手っぽくって（笑）。サインを出している時に止まるんですよ。例えば、キーが右耳だとしたら、キーの右耳を触って止まってからバントのところを触るとか。だから、『それ、バレますよ！』と言ったこともありました」

ナオ先生は自分の考えを押し付けることがないし、選手の声をきちんと聞く。その上、「何かあったら言ってくれた方が私も勉強になるから」と伝えていたこともあり、選手たちは何でも意見が言えた。特に引地はナオ先生が「キーマン」というほどだ。

「采配、難しいです。本当に難しいです。実は選手の時、監督は楽でいいなって思っていたんです。でも、そんなことないですよね。公式戦で負けると申し訳ないと思います」

選手の生の声に突き動かされながら、25歳の女性は「監督」になろうとしていた。

結果が出ずに戸惑う日々

だが、事は順風満帆には進まない。試練が次々と襲いかかる。チームはなかなか勝てず、沈んでいた。ゴールデンウィークの練習試合で大敗を喫し、３年生と面談。意見を求めた。

「この子たちも頑張っているんだけど、結果が出ない。私もしっかりしていない。だから、どういう風に頑張ったらいいの？　と思ったりして。ぶつける矛先がないような状態だったんですよね。大敗した試合を見た時に、そうさせているのは結局、私だなって。初めてクラス担任も持って、クラスがちょっとバタバタして、部活に行けない期間もあったりしたので」

また、ナオ先生には気がかりなことがあった。

「やっていく中で、この子たち、本当に野球を楽しんでいるのかなと思うことがあったんです。私が監督になってから勝てなくなって、『嫌だなって思っている子たち、いるよな』って。特に（引地）颯はチームで一番、技術も野球勘もセンスもある。本当に野球を知っている選手でチームを引っ張ってきてくれた。だから彼が野球を嫌いになっちゃったんじゃないかなって、責任を感じていたんです。この子の才能をここで終わらせてしまったらいけないという思いが正直、私の中でありました」

実際、引地は「一回、野球を嫌いになりました」と打ち明ける。

それを聞いて、ナオ先生はどの試合か、すぐにピンときた。6月上旬、涌谷よりも格下と思われるチームと練習試合をした。その時、投手としてマウンドに立っていたのが引地だった。打ち取ったと思ったレフトフライを1年生が見失い、捕球できなかった。引地は「それで同点に追いつかれて。そこで自分が抑えれば良かったんですけど、もうショックで立ち直れなくて、そのままサヨナラ負けして。整列の時にはもう辞めたかったですね」と振り返る。「颯、その時、物に当たっていたんですよ、珍しく。グローブかな、地面に投げていたんです」とナオ先生。

声をかけにいったナオ先生に引地は泣きながら、辞めたいと訴えた。もちろん、物に当たるのはよくない。でも、ここまで悔しい感情をぶつけることがあっても、時にはいいのではなのではないだろうか。引地はそれほど、本気だったのだ。引地にとって、高校で最も泣いた試合だった。

引地たちが2年秋、涌谷は地区予選の初戦で、宮城水産高、本吉響高、気仙沼西高、石巻北高の4校連合と戦った。先発した引地は3回まで3点を失い、1－3とリードを許した。4回に同点に追いついたが、「5回に泣いちゃって」と引地。監督の早坂先生から「何で泣いているの？」と言われ、「こんな言い方悪いですけど、連合チームに負けたらこの先、勝てない気がします」と答えた。早坂先生は「みんなが何とかしてくれるから」と言った。その後、佐々木亮祐がフェンス直撃の安打を放つのだが……。「ホームランだと思って、ガッツポーズして回っていたらフェン直で、そこでみんな爆笑でした。そこから盛り上がって、延長10回に2点が入って勝てました」（引地）

負けず嫌いなのだ。「俺は県下で強豪校である利府とかに勝ちたかったんですよ」と言う。公立でも、私立でも、強豪校に勝ちたいと思って野球に取り組む引地と、ほかの部員との間には意識のギャップがあった。地区予選でも、負けるにしても1点差くらいでと考えたチームにコールド負け。ここに負けたらさすがにマズイと思っていたチームにも敗れ、引地のフラストレーションは溜まっていた。練習でも決められたセット数をやらないこともあり、「本気度」の差に唇を噛むこともあった。

夏の大会直前の練習試合。1試合目の相手は6月上旬にサヨナラ負けを喫したチームだった。この試合でも負けそうになっているのに、チームメイトからは勝つ気が見えず、引地の堪忍袋の緒は切れていた。「私にも切れていました」とナオ先生は笑う。

「『ここスクイズっすよ』と言われながらね。そっか、って。でも、本当に颯はいろいろと言ってきてくれて、本当にいろんなこと気づかせてもらいました」

夏の大会前、最後の練習試合は0対2から同点に追いつき、引き分けた。最後の最後で手応えを得られる試合ができた涌谷は、夏本番に入ろうとしていた。

そして、夏が始まった——

「この子たち、何としてでも勝たせないといけないいな」

ナオ先生がそう決意した出来事があった。東北地方初の女性監督として、取材が殺到していたが、そのうちの1つ、地元のあるテレビ局の放送が胸に響いた。いつもならば、チーム全員で放送を見ていたのだが、その日は月曜日で練習がなかった。用事があり、グラウンドのナオ先生のもとに知人から、その放送の動画が送られてきた。

「グラウンドに着いたタイミングで送られてきて、スマホで動画を見ながら、グラウンドを歩いたんです」

誰もいないグラウンド。ナオ先生はスマートフォンの画面を見ながら、歩を進めた。

「どういう思いで彼らはやっているんだろうなと思っていた時でした。チームへの不満もあるだろうし、私への不満もあるだろうし。自分も頑張っているんだけど、葛藤しているんだろうなと。そんな時に結構、男らしいことを言っていたので。まじか〜って思って。その時は泣きましたね」

ＶＴＲの後半、引地の思いがクローズアップされていた。引地は画面の中でこう言っていた。

「後悔させたくない。自分の後悔より、先生の後悔の方が大きいと思うので。ナオ先生なら行けるところまで行けるなと思ったので。だからこそ、女子で負けたとは言わせたくないかなと思います」

野球力の高い引地。自分が監督をしていることで、その能力に蓋をしてしまっているように感じていた。チームメイトとも思いにも差がある。どちらかがよくて、どちらかが悪いという問題ではなく、ナオ先生は彼らの人生がかかっていることを改めて感じていた。

「やっぱり、責任は重い。この子たちの一生を、試合１つで左右してしまうこともある。グラウンドにいるタイミングで送られてきて、本当に勝たせないといけないんだなと思いましたね」

7月16日の仙台市民球場。

「監督がバタバタしていたらダメなんだぞ」

ナオ先生にそう声をかけてくれたのは、宮城県高野連副理事長の松本嘉次先生だった。松本先生は石巻工が2012年のセンバツ大会に21世紀枠で出場した時の監督。現在は仙台工の監督をしているが、石巻市在住で、ナオ先生の父・輝昭さんとは石巻工硬式野球部でコンビを組んでいた仲だ。ナオ先生が「保護者みたい」というように、幼少期の頃からかわいがってもらっていた。「自分のことで精一杯」だった時に声をかけられ、冷静さを取り戻した。

空はどんより曇っていた。時折、雨つぶも落ちる。

緊張のシートノック。1球目を打ったら、地に足がついた感じがした。相手は、仙台高専名取。奇しくも、ナオ先生が涌谷に赴任して初めて練習試合をした相手だった。

試合は3回、仙台高専名取が1点を先制。4回にも1点を加えられ、リードを許した。涌谷は5回、9番・菊地蓮の適時二塁打で1点を返す。そして7回、試合を左右する場面があった。

この回、先頭の6番・清水大輝が右安で出塁。2死を挟んで9番・菊地蓮は四球を選んだ。二死一、三塁を作った。ナオ先生がサインを出した。

「1点差だったので、どうにか1点を返してという思いでした。バッターの佐々木が当たっていなかったので、そこで多分、迷った。ランナーの2人が走れる選手だったので、ディレードスチールのサインを出したんです」

この時、一塁ランナーコーチだったのが大森だった。

「高専がタイムをかけて、時間があったんです。高専のキャッチャーは肩がいいと聞いていたので、(一走の菊地)蓮に『わざと挟まれたほうが良いんじゃないか』と言えたはずだったと思うんです。でも、蓮も足が速かったので、行けるんじゃないかという気持ちもあったんです」

菊地は二塁に盗塁し、刺された。ナオ先生が話す。

「蓮本人はセーフだと思ったから突っ込んだらしいんです。(三走の)清水がスタートを切っていたので、止まってみたり、転んでみたりしたら面白かったのかなと思うんですけどね。でも、これが、その段階での我々の全力だったのかなと思っています」

試合は1対2で敗れた。

たくましく戦った選手たちを思って、ナオ先生は涙をしまい込んだ。

「正直なところ、勝つチャンスはいっぱいあったと思います。それを潰しちゃったかな、という思いですね。練習試合も大差で負けることが多くて。この子たちの能力的な部分より、私の判断力や、野球をまだとことん知れていないという部分で、負けて来たと思っています。最後に競った試合を9回までできたことは彼らのおかげです」

主将の大森、引地ら3年生6人が引退した涌谷は1、2年生5人となり、秋は鹿島台商と加美農との連合チームで大会に出場した。夏を終え、ナオ先生は部長に戻っていた。涌谷の監督はこの年の4月に小牛田農林から異動し、部長に就いていた横山将先生。野球経験者で、前任校ではソフトボール部の顧問をしていた横山先生は、連合チームの責任教師としてベンチ入り。ナオ先生はベンチの外から試合を見守った。

2017年夏。宮城県初の女子選手は、東北地方初の高校野球の女性監督として駆け抜けた。ナオ先生は未来を見据えている。

「ここがスタートなので。今後、また監督をやることがあると思うんですけど、いや、あってほしいなと私は思っています。次の準備として、この子たちの経験と悔しさをプラスに変えていかないといけない。大会運営で試合を観ている時もメモを取っているんです。高校野球の中で女子部員の対応などに関しては旧態依然としているところがあるので、そこは変えなきゃいけないのかなと。そういう役目なのかなとも思っています」

野球を嫌いにさせてしまったのではないかとナオ先生が気が気でなかった、引地は地元の石巻専修大に進学。「大学でも野球をやります」という一言を聞いた時は胸をなでおろした。

「ナオ先生のせいで負けたんじゃないんで。ナオ先生が監督で逆に、やりやすかった。別に、頼りないとも思っていません。練習試合の時はもっとこうしてほしいって、思っていたんですけど（笑）。あ、夏の大会ではサインを出すの、もう自然でしたね。男の先生みたく、馴染みやすいって感じ。悪いところも言えたし、悩みも言えたし、いろいろと言いやすい先生でした」

だから、最後に1つ。

「最後の試合の時、思ったんですけど」と引地。

あの、7回2死一、三塁の場面を指し、「別にエンドランでも良かったんじゃないかと」。

ナオ先生が笑いながら答える。

「それね、結構いろんな人に言われるの」

どうやら、まだ最後のミーティングは終わっていなかったようだ。

たった2人の部員と熱血監督の濃密でかけがえのない日々
加美農・伊具連合（宮城）

シード校にコールド負けを喫した夏

９回まで試合をやりたかったな……。

三塁ベンチ前に整列し、相手校の校歌を聞きながら、７回裏に「1×」と記されたスコアボードをジッと見つめていた大槻《おおつき》千裕《ちひろ》と佐藤直弥《さとうなおや》は同じ思いだった。

２０１７年７月17日。Ｋｏｂｏパーク宮城（現楽天生命パーク宮城）の第１試合は石巻工対加美農・伊具連合で行われた。春の県大会で12年ぶりの８強入りを果たした石巻工はシード校として登場。対するのは、人数不足の加美農と伊具による連合チームだった。

大槻と佐藤は伊具の3年生だ。伊具には2年生部員がおらず、この年に入部した1年生は2人。部員4人では単独チームで大会に参加できず、3年生2人、2年生1人、1年生5人の計8人だった加美農と連合チームを組んだ。

連合チームでシード校に挑んだが、小刻みに得点を重ねられ、0対6の7回裏に先発・大槻がタイムリーを浴びてしまい、コールド負けになった。大槻も佐藤も「9回まで試合をやりたかったな」と思いながら、Ｋｏｂｏパーク宮城のスコアボードを見つめていた。

ベンチを片付けて、球場の外へ出ると、大槻は涙が溢れてきたという。

「負けて悔しかった。勝っていろんな人たちに恩返しをしたかったんですけど、勝てなかったのがチームとしても、自分としても悔しかったんです」

加美農の3年生、佐々木海斗と太田壮一も涙をぬぐっていた。3年生で唯一、涙が出なかったというのは佐藤だ。

「野球では悔いがあるんですけど、いろんな人のお陰で人間的に成長できてよかったと思って。野球は本当、悔いしか残っていないんですけどね」

遊撃を守っていた佐藤は、走者がいた0対2の4回に無難にゴロをさばいたのだが、指に引っかかった送球が低くなり悪送球。この回の3失点につながっていた。だから、

「野球では悔いがある」という。ただ、３年間、高校野球をやりきった達成感で清々しい気持ちもあった。

そんな2人に試合後、声をかけた人がいる。加美農の佐伯友也先生だ。

「あの日、私は大会運営があったので、そんなに長くは話していません。ただ、試合が終わった後に伊具の3年生2人、加美農の3年生2人にちょっとだけ。一番は、3年間、よくやりきったということ。夏の大会で、3年間やりきったものを全部、試合に出してくれた。それを見ることができたという話をしました。この点差以上に、あいつらの成長を感じられた試合でしたね」

連合チームでは加美農の樋野大樹先生が監督を務め、伊具の大越春樹先生が責任教師としてベンチ入り。バックネット裏から戦況を見つめていた佐伯先生、実はこの年の春、伊具から加美農に異動になっていた。つまり、伊具の大槻と佐藤の2人を2年間、監督として指導していたのだ。

「やっぱり、この2人は1年生から見ていたのでね。特に成長を感じましたよね。点差はつきましたが、シード校にも引けを取っていなかった。あいつらの野球を貫いてやってくれていました。1年生からたたき上げてよかったなと思いますよ、本当に(笑)。年間で100試合もやらせましたからね～(笑)。あいつらの姿から、こちらが教えてきたことは間違いじゃなかったなということを感じられましたね。苦しい場面で自分たちの力で乗り切っていたり、しのいでいたり。そういう姿勢をグラウンドで示してくれた。こんなに成長したんだな〜って、すごく感じましたね」

大槻には「キャプテンとしてよく頑張った。伝統をしっかりとつないでくれたな」と伝えた。背番号1をつけて先発し、8安打、4四球と走者を背負いながらも粘り強く投げていた。

「ランナーを背負った場面で、前のあいつだったら、大量失点に繋がるところを本番では粘って投げて、抑えたんですよね」

2番・遊撃で出場した佐藤には「よく辞めないで3年間、やったな（笑）」。

「なんて言ってもね、直弥は中学校時代、学校を休んでばっかりいた奴ですからね。まさか、最後にああやってショートを守って、2番を打つなんてね。この試合で3点が入った場面があるんですけど、2アウトから3点を失ったんですね。きっかけが直弥の低い送球。悪送球をするあたりが、やっぱりなって（笑）。いいプレーもありつつ、最後、そういうプレーをするところがあいつだなってね（笑）」

ミスの話なのに、実に嬉しそうに語るのは、佐藤が中学時代の不登校から立ち直り、高校野球を全うした喜びがあるからだ。

監督からの野球部への勧誘

「佐藤直弥ですけど、休みます」

そう告げると、ガチャッと電話を切る。中学校に行く気が出ない朝は、毎回、そうだった。学校が面白くなかったというわけではない。先生や勉強が嫌だったわけでもない。

「無気力？　そんな感じです（笑）。何もやる気が起きなくて。何となく、いつも面倒くさいなと思って。今日、休みたいなって。で、自分で学校に電話します。先生に何か言われる前には電話を切って」

宮城県南部の丸森町で生まれ育った佐藤。小学校の時の同級生は9人だったが、丸森中に進むと1学年4クラス、100人くらいになり、その環境に何となく嫌だなと感じたという。学校に行かない日は家で寝ていた。

何しているんだろ。

何で家にいるんだろ。

そう思ったことはある。でも、気持ちが上がらなかった。

それでも、高校には行こうと思った。

「早く働きたくて――」。

伊具に通っていた2つ上の兄・和弥が航空エンジンなどを生産する日本を代表する重工業の会社の工場に就職を希望していた。宇宙開発にも参画する会社で、飛行機や宇宙という響きに興味をそそられた。

伊具を受験すると決め、オープンキャンパスに行くと、佐伯先生から声をかけられた。

「お兄ちゃんから聞いているぞ。お前もやるよな」

兄も伊具の野球部で佐伯監督のもと、練習に励んでいた。

合格し、入学。佐藤は丸森中で一緒に野球をしていた大槻に野球部に入るのかを尋ねた。ただ、佐藤が学校に行っていなかったため、存在は知っていたが、話をしたことはなかった。大槻も「いた感じはするんですけど、あまり覚えていないですね」と話す。

大槻も野球部に入ると知った佐藤は入部届けを提出。丸森中や隣町の角田中、北角田中などで野球をしていた人もいたため、同級生がたくさんいると思った。しかし、蓋を開けてみると、この年の入部は佐藤と大槻の2人だけ。2人とも「びっくりしました」。

2年生は8人、3年生は佐藤の兄ら4人だった。1年夏まではあまり試合に出ることがなかったが、3年生が引退すると、部員10人での戦いが始まった。春になれば、新入生が入るだろうと希望を持って――。

ところが、大槻と佐藤が2年生になった春、野球部の門を叩いたのは1人だけ。そして、その部員はすぐに辞めた。1年生0人。大槻も佐藤は「このままやっていけるのかな。8人の3年生が引退したら、2人でどうなるんだろう」と思ったという。

夏。初戦で石巻に2対5で敗れ、先輩はユニホームを脱いだ。とうとう、2人だけになった。敗戦翌日、大槻と佐藤、そして佐伯監督の3人でグラウンド整備をした。10人でも少ないが、さらに減った人数で行う整備。グラウンドを広く感じた。夏休み中、それ以降も3年生は交代でグラウンドに顔を出し、練習を手伝ってくれた。

ただ、「先は見えなかった」と大槻はいう。秋は大会に出られないものだと思っていたからだ。監督だった佐伯先生が話す。

「夏が終わり、うちは部員が2人だけになりました。（近くの）柴田農林も部員が不足していて、連合を組みますかという話になりました。話はまとまったものの、連合ってどんなものなのかなと手探りな感じでしたね」

大槻と佐藤は柴田農林との連合チームで大会に挑むことを伝えられた。「連合ってなんだ？　と思いました」と大槻。ただ、その仕組みを理解すると、佐藤は「試合ができる嬉しさがありました」と振り返る。夏休みは互いのグラウンドを行き来して練習が行われた。

熱血先生の就任をきっかけに……

佐伯先生は、1885年に日本初の農業学校として設立された宮城農で高校野球に明け暮れた。近年はやや伸び悩んでいるが、部員数が100人を超え、東北大会にも出場するなど、宮城県内では常にベスト8以上に入る公立の強豪校の1つだった。その宮城農を卒業後、北海道の酪農学園大に進学。農業の教員となった佐伯先生は、一言で言えば「熱い先生」だ。そして、ユーモアにあふれている。「なぜ、農業の教員に?」と聞いた時は、「練習試合などで他の学校の先生と『何の教科ですか?』って会話になりますけど、『農業です』と言ったら面白くないですか?」と、どこまでが本当でどこからが冗談なのか掴みかねるときがある。

2010年に大学を卒業した佐伯先生は伊具に講師として赴任。3年間、原田一貴監督(現角田監督)のもとで部長を務めた。13年に正式採用され、同時に伊具で監督となった。

練習は部員数が少なかろうと、早朝から夜遅くまで。年間100試合以上の練習試合を行ってきた。

「しっかり指導なきゃなと思って、いろいろとやりましたね……。伊具で何回脱走されたか。でも、一人一人を迎えに行って、話をして、全員、戻ってきて辞めなかった。私が伊具からいなくなっても、伊具の練習に来てくれているみたいで、そういう話を聞くとありがたいなと思います」

練習試合の相手はなかなか豪華だ。その学校の力からすると、予定に「伊具」の校名があることが強烈だったため、忘れることができない。佐伯先生が監督になって２年目の４月。練習試合をしたのは、仙台育英である。

「監督になった時、とりあえず最初に仙台育英と東北に連絡しました」

名門の仙台育英ともなると、いわゆる強豪校としか練習試合をしないのではないかというイメージがあるかもしれない。しかし、当時の仙台育英・佐々木順一朗監督はどんなチームでもウェルカムだった。多くは毎年恒例の練習試合が組まれているが、日程さえ空いていればどこでも受け入れた。佐々木監督と高校時代の恩師のつながりで面識があった佐伯先生は練習試合を申し込み、２０１４年4月。伊具は仙台育英に乗り込んだ。この年の仙台育英のエースは、２０１８年東洋大でドラフト1位候補になっている梅津晃大でショートには2年生の平沢大河（現ロッテ）がいた。

「賛否両論があると思うんですけど」と佐伯先生。

「正直、強豪校に連れていくより、言い方が悪いですけど、同じレベルぐらいのチームと練習試合をして、自信のない子どもたちに成功体験を積ませてあげたいと思っています。でも、私が見ているのはそこだけじゃなくて、その先というか。野球がすべてじゃないです。私立校や強豪校、伝統校の出身者で、その先の人生で自信を持って生きている人がいっぱいいるじゃないですか。ここでやり抜いた自信や強いチームと戦った経験とか、人生のプラスになる。伊具に最初に行った時、生徒が『伊具だから』とか『こういう学校だから』とか、自らを卑下することが多かった。今いる加美農も同じです。そういう感覚って、もったいねえなぁと思うんです。そういう感覚だから、いざ強いチームと当たったときに、『負けて当然』『できなくて当然』となる。いや、そうじゃねぇよって。伊具だってできることあるし、加美農だってできることあるし。でも、そういうことを言葉で言っても伝わらないので、連れて行った方が早いなと思ったんです」

仙台育英との練習試合が決まると、伊具の選手たちは「え？　仙台育英？」と目を丸くした。

「でも、最初だけでしたね、そういう感覚。仙台育英と練習試合をしたことで、その後、子どもたちの練習に取り組む意識はすごく変わりました。子どもたち自身が本当の強さを肌で知り、だからこれだけの練習をしないと追いつけないし、勝てないと感じた。仙台育英だろうが、シード校だろうが、ビビらなくなりましたね」

佐藤は伊具に入り、仙台育英と練習試合があることに驚いた。「部員が少なくても、仙台育英とできるんだ」と。岩手・一関学院高や福島・日大東北高という強豪校とも試合をすることで、大槻と佐藤は、３年夏の初戦でシード校の石巻工と当たっても気後れしなかった。

佐藤が「１年生の時だったら、『シード校かよ～』って思ったと思うんですけど、この時は倒してやりたいと思っていました」と言えば、大槻も「勝ちたいという気持ちが強かったです」と振り返る。

佐伯先生にとって、強豪校との練習試合は、大会で勝つためだけのものではない。「あとは人の繋がりですよね。かっこよく言えば、次につながる道が開けるみたいなことも、ちょっと教えたかったり。人って、どこでつながっていくか分からないじゃないですか。何年も経って、『あのとき試合したじゃん！』となる日が来るかもしれない。今だって、球場で東北の選手とかがうちの選手が『オウッ！』というやりとりを自然としていて、面白れえなぁって思っています（笑）」

強豪の練習に参加して経験値を上げる

こんな思いを持って指導に当たっている佐伯先生のもとで大槻と佐藤はたくましくなっていった。

2年夏。2人になってすぐに、佐伯先生は車を走らせた。向かったのは、東北のグラウンドだった。その日はBチームの練習が行われており、そこに大槻と佐藤が混ぜてもらった。走者をつけたノックや連携プレーは2人ではできなかったため、身になった。「練習そのものも良かったですが、雰囲気が大人数だとすごく良くて。2人でも良かったんですけど、人数がいると楽しいなと思いました」と佐藤。大槻も「外野の練習では中継までの送球の高さとかを確認できました。ピッチングではキャッチャーから色々とアドバイスをもらえて良かったです」と振り返る。

2人は東北の練習に参加すると、まるでチームの一員になったようだった。セカンドに入ってノックを受けた佐藤だったが、あまりにも声が小さく、ノックを打っていた東北・鈴木雄太コーチから「お前の声はセミ以下だ！」と言われた。「直弥は、大人数の前で声を出したことなんてないですかね。で、雄太コーチがセミに向かって、木の方にノックを打ったんです。その瞬間、彼のあだ名は『セミ』になりました（笑）。

懐かしいなぁ」と佐伯先生。佐藤は「元からあまり声は大きくなくて、佐伯先生からもいつも『声が小さい』って言われていたんです」と頭をかく。

東北の選手たちは佐藤を「セミ」と呼んだ。だが、普段は大槻と2人で練習しているため、こうしてイジられることもない。

「セミか〜って思いましたけど（笑）、嫌ではなかったです。東北の人たちはみんな明るくてフレンドリーで良かったです。また、練習と休憩時間の切り替えがすごくて。昼休みとか寮に連れて行ってもらって、部屋で喋ったりスマホゲームをしたり。なんか、みんな、同じなんだなって思いました」

大槻も「東北の人たちからどんどん話しかけてくれて、すごく気軽に話すことができました」と感謝する。ちなみに、「好きな音楽はロックです」と自己紹介で言った大槻は、生真面目な見た目とのギャップから鈴木コーチが「ロック」と名付けた。一発芸も披露し、「そこからフレンドリーになりました」と笑う。

同じ高校生である。笑いのツボはそんなに変わらない。東北の選手たちも2人を〝仲間〟として受け入れ、ともに研鑽した。

角田や仙台商、同じように人数不足の一迫商、岩出山などと合同練習を重ねた。9キロほど離れた角田には、左手にグローブをはめ、右手にボールを持ち、グラブの型付けをするように叩きながらランニングで向かった。

冬場には柴田農林に出向き、相撲愛好会の伊藤敏好先生から四股踏みなどの指導を受けた。「柴田農林についてもグラウンドには誰もいなくて、あれ？ と思ったら、佐伯先生から『今日は野球部じゃなくて、相撲部だから』と言われて。え～！って感じですよ（笑）」と佐藤。剣道場で素足。最初は寒さに耐えていたが、四股を踏みやすり足で汗だくになった。そして、翌日は筋肉痛に見舞われた。

部員2人ながら……、いや、だからこそ、アクティブに動き、様々な経験を積んだ。

「逆に2人になって良かったなと思います。いろんなチームに出向いていろんなことを学ばせてもらいました。寂しさはありましたが、2人だからこそできたことだと思います」と大槻。2人だけの環境を最大限に生かした。佐伯先生が話す。

「心の中では、2人が『辞める』って言ってくるんじゃないかと思ったりもしていたんですよ。でも、実際、そういう言葉が一切、出てこなくて。それには感心させられました。ちなみにいうと、この2人になってから、私が指導者として一番、やりたいことをやれました、実は。人数がいる時は、何かを経験させるといっても見たことがないレベルのチームに連れて行って練習試合をやることくらいでした。2人になって時間が取れて、2人を車に乗せていろんなところに連れて行ってね。3人で練習をして、調理室でカレーも作ったり（笑）。頭数がいれば当然、練習ができるけど、逆に2人の時の方がいろんなことをやれましたね」

選手２人と監督で過ごした時間はかけがえのないものになった。

異動をきっかけに連合チーム結成

３年生になる目前、公立校の宿命が襲う。宮城県の教員が初任校にいられるのは原則４年。佐伯先生は13年の採用で、17年が４年目だった。異動する可能性が高いことはわかっていた。それでも、２人には最後の最後まで寄り添った。どんな思いがあったのか。

「一番は伝統を次につなぐということですね。私自身も本当にいろいろな人たちに支えてもらって今がある。やっぱり、その思いを生徒にもしっかり伝えることが仕事だなと思って、最後まで手をかけていました。ギリギリですもん、３月31日までやって。最後、東北高校と連合チームで練習試合をして。こちらの思いは詰め込んだつもりです」

佐伯先生の後任として、２人が３年生になった４月に赴任してきたのが大越春輝先生だった。大越先生は県北の岩ヶ崎高で監督をし、15年夏には49年ぶりの８強に導いていた。実は、佐伯先生と大越先生は採用が同期。伊具と岩ヶ崎で練習試合もしていた。佐伯先生は印象をこう話す。

「大越先生には公私ともに仲良くさせてもらって。そうなる前は、『岩ヶ崎はちょっと緩いよ』とか『だらしない』と聞いていたんです。でも、大越先生が監督になって、きっちりしてきて、これは間違いないなと思いました。熱いし、生徒の気持ちをくみ取って指導しているなと思っていました」

対して、大越先生。

「佐伯先生は……、マグマです、マグマ(笑)。近づくと危ないので、ちょっと遠くで見ているくらいがちょうどいい(笑)。だけど、本当に熱くて一生懸命な人です。周りがついていきますよね。こういう人には出会ったことない。周りを巻き込んでいくのが上手いですよ」

「心残りはとてもある」状態で佐伯先生は伊具を後にすることになったが、信頼を置く大越先生に2人を託した。実は大越先生も岩ヶ崎に未練があった。

「岩ヶ崎は去年いい1年生がいたんです。しっかり経験を積めば、甲子園を狙えるなってすごくワクワクでいたんです」

大越先生もまた岩ヶ崎が初任で4年目だったことから異動。後ろ髪を引かれる思いで去り、伊具に赴任した。しかし、思いを吹っ切らせたのは大槻と佐藤の姿勢だった。「チヒロとナオヤを見ていたら、この子たちのために何かやってあげなきゃなという気持ちになりましたね。２人で一生懸命にやっているので。チヒロもいいボールを投げているし、ナオヤも打球をパパッとさばくし。２人で練習してきたとは思えないほど、レベルが高かったんです」

２人の技術向上には他校との合同練習というカラクリがあったわけだが、大越先生は２人の想像以上の姿に気持ちを入れ替えた。大槻も佐藤も大越先生には「技術的なことを教えてもらえた」と感謝する。ビラ配りなどで新入生に声をかけ、大槻と佐藤には２人の後輩ができた。

２年秋は柴田農林との連合チームだったが、３年春は柴田農林と岩出山との３校で連合を組み、大会に出場した。夏は柴田農林と岩出山が単独で出場することになり、連合は解散。伊具は夏、なんと佐伯先生が転勤した加美農と連合チームになることになった。

大槻は「マジか！」と思ったという。佐藤は「久しぶりに佐伯先生と会うことになり、どんな感じで接すればよかったんだっけ、と緊張しました（笑）」と振り返る。大越先生は「なんか、ちょっと嬉しそうな感じはありましたね」。結果的に２人は佐伯先生に〝3年間〟を見てもらえた。

加美農・伊具連合は6月の練習試合で石巻工のBチームに大敗を喫していた。だが、夏本番はコールドで敗れたものの、0対7と差を縮めた。大槻と佐藤にとって最後の試合は、佐伯先生のみならず、高校野球を通じて関わってきた多くのチーム、指導者、応援してくれた人々へ捧げるものになった。辛い時、大槻は「ナオヤも頑張っているし、いろんなチームにも出向いて練習させてもらっている。辞めたら裏切りになる」と思って踏ん張ったという。中学時代、不登校だった佐藤は「変わりたい」と決意して高校に通い、皆勤賞をとった。

「中学の時、高校野球を最後までやれるなんて思っていなくて。佐伯先生と出会わなかったら、高校にも行っていたのかどうか。人生が変わりました」

なにより、野球が好きになった。佐藤が言う。

「後輩とチヒロと野球をするのが本当に楽しくて。引退してからも昼休みには中庭でチヒロと毎日のようにキャッチボールをしていました。中学の時なんて、まったく喋ったことがなかったのに（笑）」

佐藤は佐伯先生を「憧れの人」だと言った。大槻は「尊敬している」と言った。2

人にとってはまさに恩師である。

「私はこの子たちに育ててもらいました。伊具で育ててもらったから、今、加美農でやれていますよ」

伊具も加美農も小規模校で、どちらかと言えば、個性的な生徒が多い。

「やっぱり、私はこういう子たち好きですね。いろんな人から言われるんですよ。『普通高校に行ってやれよ』とか『勝負できる学校に行きたいでしょ』とか。あるんです、勝負できる学校でという気持ちも。でも、こういうチームは、じゃあ誰がやるのって。若い先生が増えてきたので、そういう人たちにいろいろ示したいなという気持ちがあります。こちらのやり方や熱意でいくらでも道が開けるよ、と。人がいないからやらねぇとか、人数いないからできねぇとか、今、多いですよ。いや、４人でもできることがあるでしょう、５人でもやれることあるでしょうと思うんです。勝てる、勝てないは関係ないですよ。こいつらでなんとか一花咲かせてやりたい、そう思っています」

佐伯先生の言葉はどんどんと熱を帯びた。大槻と佐藤が佐伯先生に与えたことの大きさを感じるくらいに――。

夏の大会を終え、伊具の２人は加美農にいた。３年生を送る会が開かれたのだ。佐伯先生は本人に長く語るタイプではない。大槻は「『今までやってきた苦しいことは、この先で必ず、活きてくるから』と話されました」と、佐藤は「『野球で学んだことを忘れずに社会に出ても頑張れ』みたいなことを言ってもらいました」と教えてくれた。

2人は高校を卒業し、就職。元気に働いている。

大槻が「仕事で大変なことがあると思うんですけど、どんなに苦しくても負けずに頑張っていきたいと思っています」と言えば、希望の職に就いた佐藤はこう話す。

「佐伯先生にいろんなところに連れて行ってもらって、世界は広いって感じました。研修が終わったら、海外出張があるところに希望を出そうと思っているんです。今はいろんなところに行きたいなって思っているんです」

中学時代、学校に行くことが億劫だった少年が世界に羽ばたこうとしている。

凡事徹底を何度も繰り返すことで甲子園が視界に入ってくる

松山聖陵高（愛媛）

「真の一致団結」を追い求めて

愛媛県で甲子園優勝を果たした学校は「夏将軍」の松山商、松山東、西条、宇和島東に済美の5校。愛媛は2018年4月から3年間にわたり野球の魅力を全世界に発信する「愛・野球博」を県主催で開催するなど自他共に認める「野球王国」だ。その県庁所在地・松山市北東部・久万ノ台の丘にはいつも、沖縄なまりのこんな言葉が響く。

「お前ら、このままじゃ勝てないよ！」

声の主は2018年7月29日で37歳を迎える松山聖陵高等学校野球部・荷川取秀明

監督。宮古島で中学までを過ごし1999年には沖縄尚学の「1番・三塁手」として春夏連続甲子園出場。特に同年センバツでは比嘉公也（沖縄尚学高監督）、や、比嘉寿光（広島東洋カープ球団職員）らと共に県民にとって悲願だった甲子園初全国制覇を達成。今も沖縄県球史に名を刻む人物の1人だ。

筑波大卒業後すぐの2004年4月に松山聖陵へ赴任すると、2016年夏には1970年創部の同校野球部を悲願の初甲子園に導いた。

そんな指揮官には一貫した指導方針がある。

「3年間で人として大きく成長してほしい。そのためには凡事徹底あるのみ」

2018年の第100回愛媛大会はトップシードを手にした。春夏連続甲子園出場へ絶好のポジションにある松山聖陵であるが、選手の起用は「技術や戦術眼優先」では決してない。

あるレギュラーに対し、荷川取監督は雷を落とした。

「お前『靴ひもをちゃんと縛って体育の授業を受けろ』と言ったよな？　なんで靴ひも結んでないんだよ？　日常生活に隙のあるやつは絶対に試合でも隙がでる。そんなのレギュラーじゃないからね。分かった。おまえそういうことなら、今日はずっと草抜け！」

血相を変えて「すみませんでした、練習やらせてください」と懇願する選手。しかし、指揮官は許さない。

「だめだ！」

結局その選手は強豪校との練習試合のメンバーから外れることになった。

「お前が控えとかだったら気持ちは解る。でもな、お前はケガをして周りに迷惑かけてたんだ。周りの支えがあったから、センバツ出れたんじゃないの？　それを解っていたら、靴ひもぐらい縛れるでしょう？　たかが靴ひもじゃないんだよ」

監督の眼はレギュラーだけに向けられるのではない。

「僕が常々言ってることは『できるできないじゃなくて一生懸命やれ』ということです。野球のレベルにかかわらず、一生懸命やっている選手を僕は見逃さない」

「頑張っていれば監督は見てくれる」と選手たちは感じているので、退部する選手は多くないという。

そしてこう続ける。

「もちろん、できる子だけでやって、勝利至上主義で『勝たないかん、勝たないかん』という厳しさが必要なときもあるとは思うんですけど。僕らは『競争』という言葉を『好きな野球を通じて自分を高めろ』という意味で使っています。すなわち『人のせいにしたり言い訳するのは絶対ないぞ』と」

歴史ある愛媛の高校野球には「人として成長した先に甲子園がある」という考えが今も流れている。

荷川取監督の選手への接し方もこの流れを汲むものだ。松山聖陵はそれを土台に、最先端のトレーニングを導入し、研鑽を積んできた。

その努力は、監督就任14年目の2016年に開花することになる。アドゥワ誠（広島）をエースにして、競り勝つスタイルでノーシードから愛媛大会を制したのだ。

アドゥワをはじめとするこの時の3年生は、荷川取が手塩にかけて育てたといってもいい選手たちだった。

「当時の3年生は3年間担任もして、寮も見て、本当に四六時中関わってきた。野球以外のことも含めて、本当に悔いを残さないようにやろうと思った中、自分の信念を曲げずにやってきて良かったなというのを感じた」

チームにとって初めての甲子園は、初戦で敗れる。しかし、甲子園までの過程、甲子園での戦いは指標となった。

「先輩が初めて甲子園への道筋を作ってくれたので、同じ道を歩み、もっと先まで進みたい」
そう語るのは甲子園初出場年代から主将を引き継いだ佐々木魁である。

悔恨の秋、努力の冬、手ごたえの春

夏春連続出場を目指して新チームは始動したが、いきなり大きな壁にぶち当たる。甲子園に出ない高校だと新チームは秋の大会を目指して7月中に練習を開始するが、夏の甲子園に出場したら、新チームの始動が2週間は遅れてしまう。8月にある新人戦を経験できないのだ。甲子園常連校なら、夏の予選を迎える時点で新チームについてもケアをするのだが、初出場の松山聖陵にはそこまでの余裕はない。この経験不足が佐々木たちのチームに影を落とす。

秋季県大会の準々決勝、帝京第五高は松山聖陵の弱い部分を狙ってきた。初回に6点を失って主導権を奪われると、5回裏にも3失点。7回コールド・2対9。松山聖陵は9回まで戦うことすら許されず秋の戦いを終えた、試合後。顔色を失う選手たちを前に、荷川取監督は静かに語りかける。

「やはり時間のロスというのがそのまま出たんだよ。でもな、お前ら。先輩の行った甲子園の歴史を塗り替えるんだったら、これからが本当に勝負だからな」

そして主将の佐々木がこう締めくくった。

「もう一度基礎からやっていこう。凡事徹底して隙のないチームを目指すんだ」

松山聖陵の基礎は生活の全てを意味する。新3年生が中心となって寮生活、学校生活も見直した。それは寮の部屋の温度設定、冷蔵庫の中、教室での態度など事細かに見直していった。監督も選手たちの決意を受けて、自ら嫌われ役を買ってでだ。

授業中に居眠りをした選手がいると呼び出して、「学業を疎かにして甲子園に行く意味ってあるのか」と選手に問うた。

指摘の感度を上げ、事細かに指導する監督には思惑があった。

「この学年はもともと一人一人が指摘しあえるし、負けず嫌い。身体も大きくなっていったし、そんな競争の中でもチームでやっていける奴らもそろっていたので、チーム全体が盛り上がっていきました」

主将の佐々木がチームの仕上がりに手応えを感じたのは年を越したあたりからだ。ブルペンで投げる下級生の球のキレが急によくなったのがわかった。腕の振りもいい。キャッチャーマスクをかぶる自分を信じて投げているのを感じることができたのだ。

学年に関係なく選手同士に絆が生まれていることを感じながら、チームは春の大会を迎えた。

快進撃を続ける松山聖陵の選手たちは県大会で優勝、四国大会は決勝に駒を進めた。決勝の相手の明徳義塾高。馬淵史郎監督率いる甲子園常連校に松山聖陵は序盤から仕掛けた。シーソーゲームを繰り返し迎えた9回表、7点目を入れて勝ち越したのは松山聖陵だった。そして9回裏二死二塁で明徳義塾高の打者の打球は力なく右中間へ飛んだ。

生活のすべてを見直して、すべてを野球につなげて取り組んできた姿勢がやっと報われる——はずだった。

道曲げず「自立と自律」で挑んだ最後の夏

試合開始から3時間37分後、両腕を突き上げていたのは縦じまに胸の「明徳」たちだった。松山聖陵、延長11回サヨナラ負け。9回裏、二死から右中間に飛んだ球は、外野手が譲り合った末に落球（記録は二塁打）となり、同点に追い付かれてしまう。延長11回表に勝ち越し機を逃すと、彼らに逆境を跳ね返す力は残っていなかった。

この試合の後、荷川取は選手にこう話した。

「お前たちが悔しいのは顔を見れば分かる。でも俺はいい経験をしたと思っている。お前たちはあの1球に負けたんだ。あの1球を取るための準備を誰もができていたか。1

００％準備したと言い切れるか。いい加減なことをしないできちって準備して戦え」

「準備」――。この言葉が佐々木の頭の中に響いていた。

遠征で宿舎に泊まる場合、使っていた部屋と宿舎の周辺を掃除することをチームは決めごととしていた。この日も掃除をしてチェックアウトをして試合に向かうはずだった。しかし、最終チェックをすると掃除ができていないところがあった。

大きな試合の前だからこそ凡事徹底して、大一番に望まなければいけないはずだった。

掃除ができていなかったことと9回裏の落球とは結びつかないようにみえるが、実は結びついているのだ。大切な試合の前にいつもできていたことができない者は、試合を決める大切な場面でイージーなフライの捕球をミスしてしまうのだ。

「凡事徹底こそがチームに一番必要なことだ」

佐々木たちはそう考えた。

グラウンド外の過ごし方が試合結果をも左右すること身をもって味わった彼らは再び「凡事徹底」と「FOR THE　TEAM」を目指して真っすぐに走り始めた。

調整は順調に進み、投手の起用法も固まり、最終登録エントリーも終わってあとは大会を待つばかり。３年生たちが毎年作成するベースボールＴシャツ。その背中にあるのは「楽な道より自分の信じた坂道」。灼熱のグラウンドにも確かな手ごたえが広がりつつある時のことだった。

大会開幕前日、荷川取監督があることに気がついた。寮の部屋はエアコンが設置されており、健康管理の点から25℃とすることをチームの決めごととしていた。しかし、ある部屋だけが涼しい。ベンチ入りする３年生が設定を変えていたのだ。

「たかがエアコンだけれど、自分たちで決めたルールを破った。破ったことが問題なんだ」

一球に泣いた春を繰り返すわけにはいかないのだ。荷川取は彼をベンチから外すことを決めた。

一度しかない夏を前に監督の選手の間に距離ができそうになったが、それを縮めたのが佐々木だった。佐々木は、ベンチを外れる3年生にこう言った。

「お前も悔しいと思う。ベンチを外れるのはルールを破ったからしかたがない。サポートに回ってくれ。でも、必ず甲子園に連れて行くから」

外れた選手は、黒子として献身的にチームを支えた。荷物運びや打撃投手を買って出てくれた。大会前のアクシデントはチームの結束を高めたことは確かだ。チームは準決勝までの3試合をすべてコールドで勝ち上がった。

ただ、佐々木は状況を冷静に分析していた。

「確かに一体感はあったけれど、少しずつ疲労は蓄積していました」

そして一抹の不安を抱えつつ、松山聖陵は2017年7月27日、第2シード・済美との準決勝を迎えることになった。

悔いを残した「ラストゲーム」

「実は愛媛大会直前でベンチ入りを外した投手は抑えの後呂健博の前で投げる予定だったんです。だから、継投のタイミングも少しずつズレてしまって……」

大会開幕時から荷川取監督が抱いていた懸念は図らずも現実のものとなってしまう。済美との準決勝、初回に守備・制球の乱れから2点を失った松山聖陵は、先発・佐藤仁亮を継いだ岡本文哉も2失点。最終回には意地の1点を返したものの2対5。4イニングで4点のビハインドを返すことは最後までできなかった。

坊っちゃんスタジアムから学校グラウンドに帰り涙に暮れる選手たち。指揮官から慰めの言葉はあえてなかった。

「もったいないよな。最後まで全員野球というのは、常日頃言っているずっと大事にしていることだけど、最後の大会で全員で戦えなかったというのは、先生は負けたことよりそれが一番悔しかった。お前らはまだ勝つに値しなかった」

涙がとめどなくあふれる選手たちを前に、さらに荷川取監督は言葉を続ける。

「でもお前らはそのことを学んだな。だからお前ら、絶対これからは仲間を裏切ったりしたらいかん。自分に負けたらいかん。この悔しさをもって、最後の最後まで歯を食いしばってやる時期。それぞれの道でやるときが来る。そこで絶対自分に負けないようにしっかりやれ、頑張れ」

こうして「自分たちの代になったらあっという間だった」佐々木魁を主将とする松山聖陵の2017年夏は終わりを告げた。

その想いは次の世界へ、後輩たちへ継承される

済美戦から7カ月が経った。卒業を前に佐々木は、主将のバトンを託した眞榮城隆広を呼び出した。

「夏に向けて全員で戦うには主将がしっかりやったらチームは動く。しんどいことが多いけれど、誰よりも汗をかいてほしい」

現主将にそう伝えて、佐々木の代が叶えられなかった夢を託した。

２０１８年春――。遠くに新しい夏の気配を感じつつ荷川取は去年の夏を振り返った。

「佐々木たちの代は、初めて甲子園に出た次の代ですから大変だったはず。一度出たら、次の代も出るだろうと思われるから、プレッシャーもあったはず。甲子園出場の次の代は成績がよくないといわれるけど、彼らはそれを覆してくれた。彼らが歯を食いしばって凡事を徹底する姿を見ていたから次の代は頑張ることができた」

佐々木たちの次の代は秋の大会を勝ち進みセンバツのキップを手にした。甲子園での初勝利はお預けとなったがチームはひとつひとつ強豪への階段を登っている。

「佐々木さんたちが辿った道を僕たちも同じように踏みしめていきたいと思っています。最後の一球をしっかりグラブに収めるため、凡事を徹底する。もっと先に進むためには必要なことだと思います」

凡事徹底――。佐々木たちが歯を食いしばりながら貫いた意思は、次の代に受け継がれた。

「僕らは先輩たちから託された思いをまだ果たせていないんです」

到達点は甲子園での初勝利だ。世代を超えた思いを叶える夏が始まる。

監督とチームをつなぐ役割を担ってチームを甲子園に導く

三本松高（香川）

「発信者」と「体現者」で甲子園8強へ

香川県の東端に位置する東かがわ市は人口3万人の地方都市だ。県内で市制を敷いている8市のうち下から2番目の規模である。産業で目ぼしいものは、発祥となるはまち養殖、手袋や医療用湿布の製造で、一定の国内シェアを占めている。そんな小さな市が2017年夏、甲子園に湧いた。

三本松高校は、市内唯一の高等学校で、1900年に創立された。甲子園出場は春夏あわせて4回。直近は2005年に希望枠として出場した。その三本松高が24年ぶりに夏の県大会を勝ち上がったのである。そして、甲子園でも勝ち続け、下関国際（山口）を下し、続く二松学舎大附（東東京）戦にも競り勝った。準々決勝では東海大菅生（西東京）に完敗を喫したが、公立校唯一のベスト８入りは、私学全盛期の甲子園に大きなインパクトを残した。

三本松高を率いるのはＯＢでもある日下広太監督だ。順天堂大でも野球部に所属して、卒業後はルートインＢＣリーグ・石川ミリオンスターズで２年、新潟アルビレックス・ベースボール・クラブで２年間プレーした。石川では西武で活躍した金森栄治監督から指導を受けた。２０１４年４月、母校に赴任し、翌年８月から監督して指揮を執りはじめた。

会話から始まった「チーム改革」

２０１６年の夏を終えて、日下は新チームのキャプテンについて考えていた。この年のチームは、エースの佐藤圭悟、女房役の渡邉裕貴をはじめ２年５人が名を連ねていた。２回戦で敗れはしたものの、それは実戦経験が不足していたからで、次の夏は期待ができるはずだ。しかし、そのためには誰を主将にすればよいのか――。

日下が感じていたのはこのチームのポテンシャルだ。実力はあるけれど、扱いが難しい――。個性があるといえばよいけれど、まとまりがなくなるとチームプレーができなくなる。いくつものベクトルを同じ方向に向けるのが、この代の主将の仕事になる。新しいチームの船出は重要だ。甲子園という目的地に向かって進む船が岸から離れる最初のひと押しが間違っていれば、船は途中で進路変更を余儀なくされる。どのチームもそうだが、次の夏まで、そんな時間は残っていない。

日下は3年生に個別に面談して、主将に適しているのは誰かをたずねた。すると、ほぼ全員が渡邉を推し、渡邉自身も手を挙げた。

「一番リーダーシップを執れるのは渡邉です。熱いハートを持っているし、選手に対して耳が痛いこともきちんと言える。その半面、はっちゃけるところもあるから、適任といえば適任です。しかし、彼には佐藤の女房役としての役割もある。苦しい思いをさせてしまうなと思いながらも、本人が手を挙げた意思を尊重して主将に任命しました」

任命のとき、日下は渡邉にこう言った。

「監督と選手をつなぐパイプ役になってくれ――」

このひと言で三本松高は、羅針盤を甲子園優勝にピタリとあわせた。

秋の県大会は準々決勝で英明と対戦。リードで終盤を迎えるも8回に5点を失い逆転負けを喫した。大目標に「甲子園優勝」を掲げながら、実際はその足元にも及ばない現状に、もどかしさが充満する。「キャプテンとして今、しなければならないことは何か」を考え、渡邉はまず自ら行動することにした。

――大きなベクトルを目標に向けてまとめるだけでなく、すべてのベクトルにも目をやらないといけない。

ベンチ入りした選手もそうでない選手も、全員に渡邉は声を掛けるように心がけた。昼休みや練習前の短い時間を使って実際に声を交わすことで、彼らの気持ちも分かるようになった。

「チームの中にはケガとかしてちょっと落ち込んでいたりしているヤツもいるじゃないですか。彼らをどう思ってあげてやるかとかを意識するようになれたんです」

三本松高の選手は全員が地元出身だ。昔から知っている選手も多い。

「実際に話してみると、知らないことも多かったんです。僕は野球の面しかみていなかったんです」

コミュニケーションは積極的にとった。ＬＩＮＥも活用している。タイムリーを打った後輩には「ナイスバッティング！　次も頼むぞ」と激励した。しかし、大事な内容は直接伝えるように心がけた。渡邉が気にしていたのは、下級生のことだ。3年生にタレントが集まっていただけに、2年生との地力の差はたしかにあった。それを埋めなければチームの力は上がっていかないと判断した渡邉は、2年生のまとめ役に直接伝えている。

「(3年との差を) 埋めていかないとチーム力も上がってこないので、しっかり下級生もついてこいよ」と。

個々の性格を把握した上で、最善の方法を見出し、自分の心の中にあった淀みが解けたことで、改めて周りの状況も見えるようになった渡邉裕貴。すると彼には「監督と選手たちとのパイプ役」からもう一歩前に進む策が浮かぶようになった。

「自治」が始まり、劇的に変わった春以降

毎週月曜日は監督の参加しない選手だけのミーティングがあった。選手だけでチームの現状を話し合い、どう改善できるかを監督に伝えるのだ。

「やっていくうちに『それだけでは物足りないな』と自分で思ってきて。日下先生に言われなくても、自分たちで考えてそのまま決行してもいいんじゃないかなと思ってきて。それで自分たちで考えて、やってみて、その結果こうなりましたみたいな。そ

れもやっていいんじゃないかというのを始めたんです」

夏に向けて羅針盤を合わせるのは、これまで監督だったが、すこしずつ渡邉を中心に3年生が担うようになった。

そのミーティングでは、選手たちが気をつけるべきことすべてがリストアップされた。部室のホワイトボードには、100以上の項目がリストアップされた。たとえば、練習のローテーションで流れが悪ければ、順番を入れ替えた。学校周囲のごみ拾いを部として組織的にやっていたが、その範囲も状況に応じて変えていった。時には、監督への要望もあったという。

「サインを出すときに監督の立っている場所が見にくいから変えてほしいとかリアカーがパンクしているので修理してほしいとか、お願いしました」と渡邉は話した。

日下は、内心驚いていた。最初、渡邉を主将に指名したのは、選手と監督のつなぎとしての役割だった。しかし、渡邉は話し合いを重ねて部員をまとめて、自分たちの方針でチームを運営しはじめていたのだ。日下自身、わりと周囲のことに気がつくタイプだったが、選手たちの指摘に驚くことも多くなっていた。「ここまでできるなら、もう少し任せてみようか」と日下が思ったのは、冬休みに入る少し前のことだった。

冬休みに入ると、それまで自分が指揮していた仕事の多くを選手たちに任せることにした。部員をいくつかのグループに分けて、それぞれに仕事を任せることにした。たとえば「環境整備グループ」はグラウンドの管理に責任を持つ。彼らはグランド整備をするだけでなく、その方法も考える。地面をならすのを通常はトンボでするが、ブラシでするのか。フェンス沿いの草むしりを全員でやることもあった。他にも、他校のデータを分析するグループ、練習道具を管理するグループがあり、それぞれの役割を選手たちは果たしていた。

「チーム作りをするときに、『自主・自律・自治』といわれますが、特に自治は大事だなと思いました」。そう日下は振り返る。

「自分たちが好きで入った部活動なんだから、自分たちの環境は自分たちで良くして。自分たちで運営していけるようになったらこれ以上いいことはない。そこで僕も順天堂大で学んだスポーツマネジメントのノウハウも入れて、選手たちの自主性を引き出すようにしたんです」

秋の課題として残された長打力を補うメニュー。守備位置のポジショニング徹底。投手のウォーミングアップ個別化。練習の質を上げるための日々目標のホワイトボード記入。これらは選手たちと監督との意見交換によって生じた行動である。

そして春。三本松は力だけでない「視野の広い」チームに変貌した。

県大会を制覇し、四国大会でも1勝。香川大会でのトップシード獲得にも成功した。そして6月、その途中経過を示す機会が訪れる。

香川県高野連が、清宮幸太郎（北海道日本ハムファイターズ）のいる早実（西東京）を地元に招待したのだ。この大一番でも三本松が揺れることはなかった。「甲子園の予行演習」と位置付けていたのである。

「真の平常心」を得て「甲子園8強」へ

主将の渡邉裕貴は改めて、この戦いに至るまでを語る。

「早実戦までにチームをどこまで仕上げられるかを僕たちは意識していました。だから、練習試合で目標を設定したんです。たとえば、バッテリーは設定以上の失点だった場合は、試合後に罰走。野手も決めた点数以上取れなかったら罰走です。それでチームに緊張感を保っていました」

そうして迎えた早実戦は2対0で快勝。しかし、勝利よりも大きな手応えと課題を感じていた。

「2点を取ったと言っても初回のことで、以降は0に抑えられたんですね。どうして追加点を取れなかったのかは考えました。成果のひとつは、清宮君を三球三振にしたことです。この時、佐藤に三球ともチェンジアップを要求したんですが、うまくはまったんです。夏の本番で使えるボールになると思いました」

強豪からの勝ち星は、夏に向かう三本松の背中を押した。

「甲子園に行けそうな気がするな」

渡邉はそう思っていた。

選手権香川大会の初戦は7月11日に決まった。チームとして事前にやるべきことはやったのだが、懸案材料はあった。エースの不調である。

実は、佐藤の調子は早実戦の前後がピークで、調子の上がらない日々が続いていた。

「あの頃、夏を見越して考えたら、仕上がりが早いとは感じていました」

時間があれば選手同士でミーティングを重ねて、あらゆる情報を共有していたが、エースの不調については誰にも伝えなかった。ただ、副キャプテンの川崎を除いては――。

「グラウンドでは、僕はキャッチャーとして佐藤をケアして、川崎は野手をまとめていたんです。だから川崎には知っていてほしかったんです。彼なら変な力が入っても抑えてくれると思っていました」

渡邉が佐藤の不調を伝えたのは、大会直前のことだった。もう先のことを考えずに目の前の一戦にすべてを集中しなければいけない時期に突入してからだった。

「最初に伝えたのは、みんなで佐藤をカバーしてやろうということでした」

この時期、監督の日下はチームを見守っていた。

「春に僕が言っていたことを、夏になったら渡邉が先回りして言ってくれる。僕は何も言う必要がないんです。彼らの中では優勝に上がるためのプランニングが想定できていたんですよ。彼のキャプテンシーが僕を完全にすっ飛ばしてチームを勝たせたと思っているんです」

佐藤の不調を全員でカバーしてチームは勝ち上がっていった。

準々決勝・高松商戦、準決勝・大手前高松戦はいずれも1点差で勝利を手にした。

7月23日・丸亀城西との決勝戦。春から試合ごとに観客数を増やしていた応援席がいっぱいに埋まった中、ようやく状態を戻した佐藤と打線がかみ合い、三本松のユニフォームはレクザムスタジアムを駆け巡る。

7対1。24年ぶりの夏甲子園を決めた瞬間、日下監督は試合途中から考えていたことを実行に移すことに決めた。

応援席への挨拶の後、選手を集合させた。

「観客席を見てみろ。香川の決勝でさえこれだけお客さんが見にきてくれる。多分甲子園に行ったらアルプスがすごいことになる。これの3倍、4倍、いや十倍ぐらいのお客さんが入って、おまえたちのプレーに喜んでくれるわけだ。勝ったときにどれだけ喜んでくれるかというのを想像しながら、これからもう1回気持ちを引き締めてやっていこう」

勝利の余韻はわずかな時間だったが、選手たちは我に返り、自分たちの目標が「甲子園優勝」であることを思い出した。

そこに向かうべく渡邉たちは試合翌日「環境整備」に取り組む。渡邉たちは前日と同じように次の日を過ごした。グラウンドの整備に学校周りのゴミを拾い、次なる戦いへ心を整えた。

普段の練習を出発まで続けて、8月2日、三本松高ナインは甲子園に出発した。

次の目標へ。それぞれの場所で

三本松高は、下関国際高（山口）、二松学舎大附高（西東京）を破って、準々決勝に駒を進めた。そうして、準々決勝で東海大菅生（西東京）と対戦する。東海大菅生は、西東京大会の決勝で早実を破って甲子園へのキップを手に入れていた。

県大会が始まる前に「眼の前の一戦一戦を一生懸命戦おう」と渡邉が話し、チームは勝利を重ねていった。そうして、甲子園でも勝ち続け、準々決勝に進出を果たす。「甲子園優勝」という目標が焦点を結びはじめた。しかし――

東海大菅生は初回からマウンド上の佐藤に襲いかかった。菅生の打線は、球種に狙いを絞り、積極的にバットを振っていった。佐藤は好調とは言えなかったが、巧みな牽制でアウトを取って傷口を広げないように踏ん張った。しかし、強振し、次の塁を狙う菅生の攻撃に屈してしまう。そしてゲームセット。三本松高の夏はこの日終わった――。

ゲームセットのサイレンを聞き、渡邉はナインと一緒にアルプス席に挨拶に向かった。ベンチで荷物をまとめていると補助員としてベンチに入っていた選手がこう言った。

「ありがとう――」

渡邉の心を大きく揺さぶったひと言だった。自身も選手としてベンチに入りたかっただろうし、そのために練習を積んできたはずだが、甲子園で与えられた役割は補助員だった。与えられた役割では、チームの勝利には貢献できないが、彼はその職務を全うした。与えられたその役割を一生懸命に全うして、チームの敗戦を見届けた後、渡邉に感謝の言葉を伝えたのだ。そこに込められたのは、主将へのねぎらいなのか、1年間の感謝なのか――。

「アイツだって甲子園のベンチに絶対入りたかったと思うし、出番を待っていたと思うんです。せっかく甲子園に来たのに補助。それでも文句言わずにヘルプとかしてくれたりして。どっちかというとこっちが言う側じゃないですか『ありがとう』と。なのに、来た瞬間にこっちに来て、真っ先に『ありがとう』と言われて。本当に自分は仲間に恵まれていたと思います」

日下監督は日々成長をしていく渡邉たちに驚いていた。強く逞しく育ってほしいと思い指導していたが、選手たちは自分の想像を超えてしまった。高い目標を設定しても、渡邉を中心にチームは解決する。「よっしゃ！　やったろう」という気持ちで挑戦をする選手たちの成長が嬉しかった。

「野球だけじゃなくて、話し方、考え方、いろんな点で先生から影響を受けました。こういう人になりたいと思ったのは、日下監督がはじめてです」

そう話す渡邉は、監督の母校である順天堂大に進学した。野球ももちろん続けている。将来は教員の資格を取り、日下と対戦できる指導者になりたいと思っている。

名門校の「伝令キャプテン」歩んだ苦闘の日々

明徳義塾高（高知）

孤独さをにじませ涙したあの日、名将が送ったある一言

「ようがんばったな――」

試合の後、山口海斗に声を掛けたのは馬淵史郎監督、その人だった。２０１７年８月16日、２回戦の前橋育英戦の後のことだ。この試合、西浦颯大を主軸とした攻撃陣からは快音が聞かれず、明徳義塾高は１対３で敗れてしまう。

明徳義塾高は本来の力を出しきれずに、甲子園を去ることになる。打の中心である西浦は中学の時から日本代表に名を連ね、明徳義塾高では１年夏からレギュラーとして活躍していた。エース左腕は北本佑斗。１学年下には夏を前に急成長を遂げた右サ

イドの市川悠太がおり、四国では投打で抜きん出ていたチームとして他の強豪からも警戒される存在だった。

秋の四国大会優勝。明治神宮大会1勝。センバツにも出場し、夏の高知大会8連覇、結果だけ見ればその歩みは順調にも見える。ただ、実際はそうではなかったのだ。山口海斗はそのチームをまとめるキャプテンである。しかし、甲子園での出場は代打、守備固め、一切なし。定位置は三塁コーチ。唯一グラウンドに入るのは、伝令のときだけだった。いわゆる「伝令キャプテン」――。それが山口だった。

高知県須崎市・横浪半島の断崖絶壁と雄大な太平洋を望みつつ、山林の間にある道を下がっていくと、そこに突然広がるのが明徳義塾中・高等学校である。運動部の多くが全寮制を敷き、他校とは一線を画す世間とは隔絶された環境下で自らを鍛える。特に甲子園春夏合わせて50勝をマークする馬淵史郎監督が率いる高校野球部は2002年夏の甲子園優勝を筆頭に全国大会上位常連校として名を知られている。コンビニ・スマホなどとは無縁の環境から日本一を目指すのが明徳義塾高なのだ。

山口海斗は、岡山県倉敷市にあるヤングリーグ・倉敷ピーチジャックスで野球をしていた。

明徳義塾高に入ったのは投打に隙のない野球に魅せられたからだ。地元倉敷で野球をはじめたときに指導を受けたのが明徳のＯＢということもあり、塁に出れば足でかき回し、堅い守備で逃げ切る明徳野球は身近な存在でもあった。中学1年のときに、甲子園に明徳義塾高を応援にいったこともある。２０１３年の夏のことだ。広島代表の瀬戸内との対戦となったこの試合、明徳義塾は現在、オリックス・バファローズのエース格として活躍する山岡泰輔を彼らしい形で攻略する。５回に宋皞均の本塁打で先制し、なお一死一塁から犠打が失策を誘って好機を広げる。そこで、畑大成の犠飛で点を追加した。瀬戸内は6回1点を返したが、岸潤一郎の好投で何度かのピンチを切り抜けての勝利だった。少しずつ明徳義塾で野球をやりたいという思いが強くなっていった。

その後、岡山県に明徳義塾が練習試合でやってきた時にも会場まで足を運んだ山口。そこで馬淵監督から声をかけてもらった嬉しさもあり、中学2年には、野球で進学したいと思い、野球をするなら明徳義塾と考えた。一度、その場を見たほうがいいというアドバイスもあり、山口はオープンスクールにも参加した。しかし、その思いが揺らぐことはなかった。

レギュラー奪えずも努力で「キャプテン就任」へ

２０１５年４月、山口は明徳義塾高に入学した。はじまった明徳義塾での生活。そこで最初に山口海斗を待っていたハードルは先輩たちとの実力差であった。

「意外と生活はちゃんと対応しながらできていたんですけど、野球の方は中学校から数段も上のレベルにいっていたので、今までやってきたことが歯が立たないんです。驚かされたのは、各個人の意識の高さ。中でも僕と同じ外野手の真田一斗（日本大学）さんには驚きました。しかも上のレベルに行っている人の方が背走・捕球体勢・送球など基本的なことをしっかりやっている。見ているだけでも感じるものや学ぶことがすごく多かったです」

すごいのは先輩だけではなかった。山口と同じく明徳で野球をしたいと思っている西浦颯大だ。５月の四国大会で早くも公式戦出場機会を得た西浦に激しいライバル心を燃やす山口。ただ、現実は極めて厳しいものだった。

入学直後から同期との差を感じさせられたが、山口は愚直に練習で汗を流した。しかし、レギュラーのラインには遠かった。

「結果を出そう、結果を出そう。いつも、焦っていました。どこかで余裕を持つことができれば変わっていたかもしれませんね」

本人は、少し苦く振り返るが、先輩たちの誰もが山口の努力を認めていた。

高校野球の1年間はあっという間に過ぎる。それほど忙しいのだ。平日は練習、週末は練習試合という1週間が続いていく。そして、公式戦を戦うのだ。公式戦は1年に3度ある。秋から始まり、春、そして夏だ。秋と夏は、それぞれセンバツと選手権につながっている。

山口の1年上の代は、選手権で準決勝にまで進出した。それだけ、新チームの始動は遅くなる。関係各所への挨拶、国体出場の準備を進めながら、新チームは動き始めなければならない。そのときに、最初に決めるのがキャプテンだった。明徳義塾高の場合、新キャプテンは、引退する3年が指名する決まりになっていた。引退する3年生たちのほとんどが新キャプテンを決める投票用紙にこう記していた――。

「山口海斗」。

「まとまれない」葛藤の日々

新キャプテンに就任した山口は悩んでいた。選手のまとめ役として野球のうまくない自分が意見をいってもいいのだろうか——。ミーティングとして発言するときも、どうしても気持ちが一歩ひいてしまう。「俺はレギュラーじゃないけど」「試合に出てないけれど」という言葉をつい口にしてしまう。それではチームをまとめることはできない。

西浦をはじめとして実力のある選手がそろったチームだが、全員が同じ目標を目指しているとは山口には思えなかった。それでも四国ではその実力は抜きん出ていることは確か。秋季県大会の3試合を無失点で勝ち上がり、決勝進出を決めた。しかし、決勝戦では中村に0対2で完封負けを喫してしまう。

「こんなはずじゃなかった」

試合後すぐにグラウンドに帰り練習となった。ノックと打撃練習を終えて寮に帰り、選手同士のミーティングをしても選手たちは放心状態だった。重い空気が部屋に充満しており、誰も発言しない。

そのとき山口が口を開いた。

「今日負けたのは、自分たちが油断していたから。油断や隙があれば、絶対に勝てない。ベンチの雰囲気も、俺らの方は正直言って緩んでた——」

山口は「ここで俺が発言するしかない」と意を決して、選手に話しはじめた。

「でも、まだ四国大会が残ってる。今日の試合、俺らは、いつか逆転できるやろうと思ってたはずや。それが油断なんや。これからは一戦一戦、そういう油断や隙のない試合をしよう」

実力はピカイチだがまとまりに欠けていたチームにまとまりが生まれた瞬間だった。四国大会で優勝し、センバツへのキップをほぼ手中に収め、シーズンの締めくくりとなる神宮大会でも1勝を挙げた。

そして、一旦シーズンは幕を閉じて、春に向けて練習を重ねる日々が始まったが、チームには別の問題が浮かび上がっていた。

夏4強の前チームは、秋季四国大会は準優勝だった。先輩よりも上の結果を残したことでチームに再び緩みが生まれ、練習の緊張感が失われつつあった。しかも、緊張感のあるシーズンを送ったことでレギュラーと控えの間に大きな実力差が生まれてしまった。

さらに、山口自身が選手として大きな悩みを解決できないでいた。

キャプテンの仕事は忙しい。選手と両立するなら身体が2つほしいぐらいだ。しかも、山口はチームをまとめようとする努力をすればするほど、自分の練習時間が減っていった。

「本来ならば冬は1回メンバーがリセットされるので、自分が外野手のレギュラーを獲りにいくべきなのに、自分自身の練習量を増やしたらチーム全体が見られなくなる。結果、用具の整理ができずに監督さんに怒られたこともあります」

チームの調子は上を向いている。もしかしたら、前のチームの成績を上回ることもできるかもしれない。他のメンバーには、チームプレーをするように言っておきながら、自分は自分のために練習していいのか——。思い悩んだ末に、山口は答えを出した。

「チームのことをまず考えよう。チームがまとまれば自分の練習もできるようになる」

センバツでの悔い、そして名将がかけた一言

そして、春とともにセンバツがやってきた。明徳義塾高の初戦は清宮幸太郎擁する早実（西東京）となった。

「早実に対戦が決まって、まずびっくりしたのは取材の多さ。いくつも取材を受けたり、連絡したりするのが僕でよかったと思います。レギュラー選手がキャプテンだったら、調整自体も難しかったはずです」

試合は4対2で明徳のリードのまま終盤を迎えた。9回表、1点を返されて二死二

塁。代打の打球はボテボテのピッチャーゴロだが、それをミスして一、三塁となった。その時、聖地の空気が一変する。スタンドが早実の逆転を信じ始めたのだ。

馬淵監督は、ここで山口を伝令に出す。

「大丈夫やから心配するな！　あとアウトひとつ。攻めていけ！」

伝令に赴いた山口がマウンド上で北本佑斗の表情を見ると、いつもはニコニコした顔で山口を受け入れるが、この日は難しい表情だった。監督の指示は伝えたけれど、功を奏さずに、結局、押し出しで同点となり、延長10回表に勝ち越され、敗戦となった。

試合後、馬淵は選手たちにこう告げた。

「休んでいる暇はない。練習するしかない。１日のオフを挟んで夏に向かって練習するぞ」

寮に帰った山口は食堂に大きな横断幕を掲げた。

「この悔しさを忘れずに、夏は日本一になろう！」

勝てた試合を失った悔しさ。それはより大きな勝利でしか埋めることはできない。夏に向かって進みはじめるチームに山口は自分の思いを伝えたかった。

センバツが終われば新学期が始まり、新入生が入ってくる。キャプテンの仕事としては彼らのケアも入り、山口はますます忙しくなる。夏の大一番に向けてチームをまとめるプレッシャー、3学年が1つの寮に暮らすことで軋轢が生まれた。いくつもの要素が重なって山口は自分がキャプテンでいることに疑問を感じはじめた。夏の気配を感じ始めた6月前、山口は馬淵監督の部屋をノックする。そうしてこう切り出した——

「僕がキャプテンでいいんでしょうか——」

明徳義塾高のキャプテンというのは、新チーム始動時に任命されるものだが、途中で交代となる場合が少なくない。理由は、様々だが、個性的な集団をまとめ上げるのは難しいということだ。別のキャプテンを新たに立ててしまうのも善処策としては十分考えられる選択肢であった。

しかし、山口の場合は違った。

「お前が大変なんは分かる。俺は腹をくくる。だからお前はチームのことをもう1度まとめてくれ」

そう言って馬淵は山口を引き止めた。

「別にお前が無理と思うなら辞めたらええ。でも、やるんだったらやればいいし、そこを乗り越えたところに本当の価値があるんや」

去る者は追わないのが馬淵流だが、前を向いて進む者の後ろを全力で守るのも馬淵流だ。まさか引き止められると思っていなかった山口は自分の心にもう一度火が付くのを感じた。この時、山口海斗は真のキャプテンとして生まれ変わった。

「明徳義塾での学び」をこれからの人生で活かす

夏を前にして、山口は常に選手のことをケアして、彼らがプレーしやすい環境を作ることに腐心した。

たとえば、フォームに悩んでいる選手がいれば、いち早く察知し、コーチに相談して、1日でも早く悩みが解決するように動いた。自分しかチームをまとめる人間はいないんだと思い、練習面だけでなく、生活面でもキャプテンシーを発揮したのだ。

寮の部屋での上下関係をなくした。掃除を率先してするのも3年生に改めた。するとと暗闇にあったチームはようやく光の射す方向へ走り始めたのである。

そして夏の幕が上がった。第1シードの明徳義塾高は2回戦から登場し、決勝までの3試合で19得点、4失点で快調に勝ち上がった。決勝の梼原戦も投打が噛み合った試合展開で5季連続となる甲子園出場を決めた。

そして甲子園——。明徳義塾高は初戦の日大山形戦には延長12回で彼らしい粘り勝ちを演じたものの、続く前橋育英戦で敗れてしまう。

三塁コーチとして試合を見続けていた山口はゲームセットのサイレンを聞いて悔しさを感じていた。

「もっと試合がしたかったし、優勝したかったです。もっとできそうな気がしたし、もう少し早く取り組んでいればというところもあった」

敗戦後、馬淵監督は選手たちにこう伝えた。

「上には上がいるということだな。一生懸命にやってもエラーは出る。それをカバーできる人間になってほしい。それが野球というスポーツだ」

その後、馬淵は山口にねぎらいの言葉をかけた。

こうして、山口の高校野球は終わった——。

卒業後、山口は大阪観光大学で野球を続けている。

「馬淵監督からは『明徳の3年間を無駄にするな』と言われました。まずはレギュラーを獲って、全国大会に出られるように頑張りたいですね。そして、できることならプロ野球選手になりたいんです」とキッパリと言った。「元・伝令キャプテン」の抱く夢は周りから見れば破天荒。でも、山口は知っている。

自分が明徳義塾高で学んできたキャプテンの軌跡は、不可能を可能にしてきた1年間。その経験を生かせば、自分の夢をかなえることも決して不可能ではないことを――。

生まれ変わった青年監督と弱小チームが強豪校に迫るまで

豊野高（愛知）

弱小校を率いる青年監督の夏

32歳の青年監督・松井優にとって、2017年の夏は異例の夏となった。

「今年こそ勝てるぞ」

試合会場へ向かうバスの中で幾度も試合をシミュレーションしていた。何度どうイメージしても、勝って校歌を歌うシーンしか浮かばない。これは慢心でない。攻める気持ちこそが、勝利への切り札だからだ。

松井が率いる豊野《ゆたかの》高校は、愛知県にある公立校だ。難関国公立大学までは至らずとも、多くの生徒が進学する、いわゆる進学校と呼ばれる学校である。

ただし、野球の実績はゼロに等しい。夏の大会では3年連続で初戦敗退中。過去10年で初戦を突破したのは2度しかない。春や秋の県大会も、地区予選敗退が定番だった。愛知県は加盟校が190もあり、強豪校がひしめく激戦区だが、その事情を差し引いても、豊野の戦績は見劣りする。こちらはいわゆる〝弱小校〟に分類される。

松井は前年の16年4月、人事異動で豊野高校に赴任。そして野球部の監督になった。

松井の夏は、今回に限らずこれまでも〝異例〟続きではあった。

試合会場に向かいながら、ふと思い出すのは、2年前の夏。大会当日の朝6時、必死に握りしめていたのはボールでもグローブでもなく、自身の携帯電話だった。

「おぅ、おはよう。起きてた？　よしよし。ちょっとさ、お前からもキャッチャーに電話してやってくれん？　アイツまだ寝ているみたいで、何度電話しても出ないんだわ」

松井は当時、夜間定時制高校に勤務していた。定時制で野球部の顧問になったものの、その道のりは多難。家庭環境に恵まれず、深夜までアルバイトをして生活費を稼ぐ生徒もおり、大会の日に9人揃わないこともあった。だから朝一番に部員一人ずつに電話を入れ、彼らの寝過ごし防止に腐心していたのだ。

今は部員たちにモーニングコールを入れなくても、集合5分前にはきっちり全員が揃う。

「よし、ちゃんと時間通り集まったな」

「監督、当たり前です！」

当然のことを褒められて生徒たちは苦笑しているが、2年前とのギャップに松井はついクスリとしてしまう。

目覚めよ、逸材左腕

松井が今回〝異例〟の状況となった理由は、豊野が大会屈指の注目校に数えられていたからだ。過去、ほとんど初戦敗退の高校であるにもかかわらず。

エース・田村稜の存在が全てだった。身長184センチの長身サウスポーで、柔らかな腕のしなりから繰り出されるストレートは高校3年春の時点で球速130キロ台後半に達していた。概ね140キロ出れば「ドラフト候補」に挙げられるから、田村もその水準にあった。評判を聞きつけ、プロ野球のスカウトが何人もグラウンドに来た。

さかのぼること5年前。松井と田村は、田村が中学1年のときに出会っている。松井は今の勤務校が豊野で、その前は定時制高校の配属だったと前述したが、さらにその前、初任校は豊田市にある梅坪台中学校だった。当時も野球部の監督。田村は同じ地区の高岡中にいた。

練習試合の前後で、高岡中の監督は松井に言った。

「うちにおもしろい選手が入ったんだ。野球は中学から始めた選手で、きれいに腕を振れるんだ。田村っていうんだけど」

田村のキャッチボールを見て、松井はビビッとくるものがあった。

「エンピツみたいな体ですけど、モノはよさそうですね。身長もあるから、ピッチャーやらせてみたらどうですか」

進言は的中。中学3年の夏、田村は豊田市の選抜チームに選ばれるなど、投手として密かに頭角を現していた。コントロールの悪さなど課題も多かったが、未成熟の体を含めて豊かな将来性は誰もが認めた。このころ、松井は既に定時制高校に異動になっていたが、地元の中学軟式野球との関わりは続いていた。

豊野に赴任した松井は、部員名簿を見て思わず声を上げた。

「田村がいる！」

すぐさま高校2年に進級したばかりの田村にグラウンドで声をかけた。

「久しぶり。覚えてる？　俺、梅坪台中で監督してた松井だよ。田村お前、豊野に入っていたんだな」

「はい。実は第一志望の学校は別にあったんですけど、ちょっと合格ラインまでは厳しくて…」

「野球でも、強い私立から声がかかったって聞いていたけど？」

「う〜ん……。シード校になるような高校からも誘ってもらったんですけど、ちょっとやっていく自信がなくて」

「そうか」

そう話す田村の表情に少しひっかかるものを感じながらも、松井は田村を練習へと戻した。

その後、練習を見るにつけ、物足りなさが募っていく。どうも田村に覇気がない。練習試合でも、田村は四球を出してはすぐに不安な表情を浮かべてオドオドしはじめる。ひと月も経たぬうちに、松井はしびれを切らした。

「田村、お前この1年間なにをしていたんだ？　中学3年のときから、なんにも成長してないぞ」

「……。はい……。」

そう言われても田村にとって、もともと野球は〝部活動〟でしかなかった。将来、野球でメシを食っていこうなどという野望はゼロ。ましてや、豊野は勝利に縁遠い。まじめな性格だから、練習をサボったり、手を抜くようなことはない。しかし〝上〟を目指すような意識はなかった。

「俺は小中学校のとき、栗山巧（西武ライオンズ）が２年上の先輩にいた。彼は誰が見ても抜群に才能のある選手だったけれど、それ以上にとてつもない努力家だったんだ。毎晩、家でずっとティー打撃をしていた。田村は栗山さん並に才能があるんだよ。それなのになぜもっと真剣に練習しない？　お前にはプロも狙える才能があるんだ」

松井はそれからも事あるごとに、田村に活を入れた。少しずつ田村の目に光りが宿り始めた。

松井が豊野で迎えた最初の夏、２年生の田村に与えた背番号は「10」。まだ「１」はふさわしくないと考えた。

その初戦。先発の３年生投手が２イニングスを０点で抑えていたが、３回表から田村にスイッチした。しかし4回表、田村が突如ストライクが入らなくなり1イニング8失点の大炎上。試合はコールド負けした。

「なんで先発ピッチャーを代えたんだ」

試合後、保護者をはじめとする周囲の声に対して、松井は自らの采配ミスと認め頭を下げた。先発の3年生投手には、対戦相手との力量差を考え、2イニング限定での登板だと事前に告げていた。精神的には物足りないが、持っている能力を発揮すれば抑えられるはずだと投入した田村が、まさかの誤算だった。

この日を境に、田村の野球に対する取り組みは一変した。タイヤを引いての走り込みなど、ハードな練習メニューを己に課すようになったのだ。

自信なき豊野ナイン

松井体制になって2年目の今回、豊野の男子部員数は3学年合わせて20人。よくも悪くも、全員に背番号が行き渡る。

今、20人揃って夏の大会に乗り込もうとしているが、それまでの道のりも平坦ではなかった。

「部を辞めさせてください……」

田村がようやく本気になってきたころ、今度は別の部員が松井のもとへやってきた。

「ぼくでは無理です。みんなの足を引っ張りたくないので、今すぐ後輩に代えてください」

聞けば、試合でミスをするのがつらいという。大学まで硬式野球を続けてきた松井にとって、試合に出られない悩みは理解できても、試合に出る苦しみを吐露する部員ははじめてで最初は理解ができなかった。

彼は学校ではおとなしくてまじめな性格だった。他人に迷惑をかけることもない。しかし、見えない重圧に苦しんだ。松井が母親に電話して事情を聞くと、家では不安定で、衝動的に家具を壊すなどしていたらしい。

田村が野球に打ち込み、潜在能力を徐々に発揮していくにつれ、部の注目度も一気に上がってきた。田村が野球雑誌などでインタビューを受け、誌面に「豊野」の文字が躍る。練習試合でも、甲子園出場経験のある強豪校と対戦するようになった。

その環境に、一部の部員がプレッシャーを感じていた。彼らが入部したのは、松井が赴任する1年前。野球よりも練習後の携帯ゲームを楽しみにしているような部の雰囲気だった。相次ぐ環境の変化に、心が追いつかなかった。

松井は、伏し目がちに話すその選手を前に、こう諭した。

「大丈夫だ。誰を試合で使うか決めるのは監督の俺だ。その俺が見て、お前が一番いい選手だと思うから使っているんだ。ミスをしたら、使っている俺のせいだ。お前は自信をもってやってくれればいい」

自信がないかもしれない。ミスが怖いかもしれない。でも彼は、野球が嫌いになったとは一言も言っていない。問題は、自分自身の弱さに打ちに勝てるかどうかだ。松井はそこを見抜いていた。


松井には〝前科〟があった。

だがそれは、豊野での話ではない。〝事件〟は、松井が梅坪台中で軟式野球部の監督を務めていたころにさかのぼる。

当時、松井はスパルタで有名な指導者だった。年齢も20代で若かったこともあり、とにかく部員をしごいた。怒号、罵声は当たり前。部は陰で「独裁国家」と呼ばれた。それすらも気分がよかった。自らも丸刈りにし、グラウンドの内外を肩で風切って歩いた。

実際、チームは強かった。エース投手に「オーバースローのままではお前の球は打たれる。サイドスローにしろ」と強制的に転向を命じ、奏功した。県でベスト8に食い込んだ。

ところが、その投手は高校で野球を続けなかった。それほど野球の強くない公立校に進学したから、てっきり野球部に入り、すぐに活躍するものだと思っていた。進学先の高校の監督にも、事前に「ウチのエースがいくので、よろしくお願いします」と伝えていた。

先方の高校の監督から、こう伝え聞いた。

「あの子、野球部に誘ったら『野球が嫌いになった』とか言って、結局入ってくれなかったんだよね」

松井はハッとした。

「俺は、一人の生徒を野球嫌いにさせてしまったのだ」

後ろから頭を殴られたかのような衝撃を受けた。

一方、松井が定時制高校に配属になったのも同時期のことだが、これにも経緯があった。区分の違う高校教員の採用試験を自ら望んで受け直し、合格していたからだ。

〝高校進出〟した理由は簡単。「中学生を指導して全国大会まではいけなかったけれども、3年で県のベスト8には入れた。自分が高校野球の監督をやれば、甲子園もいけるんじゃないか」と気が大きくなったからだ。

だが、高校教員として最初の赴任校は、野球部などない、想像もしていなかった夜間定時制高校だった。

「こんなことなら、中学の教員のままでいればよかった……」

定時制ゆえ、生徒の抱える事情はさまざま。アルバイトをしながら通学する生徒や、家庭環境が複雑な者もいる。外国人だと日本語の理解度が低い場合も多い。国語教員としての初めの授業は、教科書の漢字にふりがなを振ることから始めた。

赴任してからしばらくは、心の中で泣きながら通勤していた。


ある日の授業後、一人の男子生徒が話しかけてきた。

「先生、キャッチボールしましょうよ。オレ昔、野球やってましたよ」

着任して最初の全校集会で、松井は野球が好きだと自己紹介したが、それを頭に留めていた生徒がいた。彼は中学時代、いじめがもとで不登校になり、引きこもっていたという。

定時制の授業は夕方から始まる。その前の時間を利用して、キャッチボール・タイムが始まった。やがてその輪は広がり、赴任3年目には9人が集うようになった。校内で正式に「野球部」ができた。もちろん監督は松井だ。

メンバーの中には、野球のルールを知らない子もいた。アルバイトを抱える部員も多いから、練習は人数が揃わない日も多い。実戦ではエラーも出る。

なのに、部員たちは楽しんでいる。

「みんなや監督と一緒に野球ができて楽しいです。野球部がなかったら、またオレ学校やめてたかもしれないですよ」

そう話す定時制ナインを前に、松井の考えは数年前と比べてまるで変わっていた。スパルタだった面影は消えていた。

「お、今日も練習に来てくれたか！　ありがとな！　さあ野球やるぞ！」

前向きに野球を楽しんでこそ、うまくなる。うまくなれば自信もつく。プラスの感情がグラウンドに溢れた。定時制の個性派集団ゆえ、冒頭のように、試合当日に誰かが寝過ごすようなアクシデントはいくつもあった。だが、最後の大会をのびのび野球で勝ち進み、愛知県の定時制高校の中で準優勝に輝いた。決勝で負けた後も、部員達には笑顔が溢れていた。

だから今、豊野を率いていても、選手をプレーで追い詰めることはなくなった。エラーや三振に怒ることはない。当然、礼儀や身だしなみなど、一人の人間としての生き方に関することは厳しく指導する。定時制のときとは違い、さすがに寝坊も厳禁だ。野球部として戦う以上、ハードな練習もする。だが、その目的が、独りよがりだった中学顧問時代とは違うのだ。

最大の武器となる自信をどう身につけるか

豊野ナインに足りないのは〝自信〟だった。進学校だが、スペシャルな進学校ではない。松井の言葉を借りれば「中学時代は誰かの後ろについてきた」タイプの子も多い。野球でもその傾向はあった。世間から逸材と呼ばれる田村も、まさにその典型だった。

自信のなさは、メンタル面での弱さにもつながった。部員の中には、極度の潔癖症でプライドが高く、些細な自分のミスが許せない者もいた。あるいは吃音の影響で、意思を言葉で表現するのが苦手な者もいた。

それでも松井は、定時制での教員生活を経て学んだ教訓——生徒を減点法ではなく、加点法でみる——をベースに、生徒が納得いくまで話した。各自に役割を与え、存在意義を感じさせた。練習メニューの計画を任せた生徒は時折、「トスされた球をでんぐり返しして捕る」などという〝珍練習法〟も編み出してきた。いわく、外野手の動き（目を切って背走しフライを捕る）に有効らしい。思わず笑ってしまう光景だが、生徒らが主体的に考え、伸びていく姿が松井には嬉しかった。

部員たちも前向きになってきた。

「お前のあのタイムリーヒットがあったから、去年の秋の地区予選、いいところまで勝ち進めたんだよな」

主将の山口卓生などから、悩む部員にさりげなく支える言葉がかかる。それがこだまになる。

結局、途中で「辞めたい」と言ってきた数人の部員も、少しずつ自信をつけ、部を去ることなくラストサマーを迎えた。

無情にも立ちはだかる強豪校

いつにない注目を集めた〝弱小校〟豊野の初戦は、無情なことに、相当な強豪校と当たってしまった。

相手は愛知啓成高校。2006年にセンバツ甲子園に出場し、前田健太（現ドジャース）擁するＰＬ学園高校（大阪）と0対1の接戦を演じた私立校だ。県内で最上位グループの高校である。

これには周囲からも同情の目で見られた。豊野には田村がいるとはいえ、それ以外の部員の実力は強豪私立と比べると差がありすぎる。待望の白星は今年も遠のいたかに思えた。

だが豊野ナインは気後れしなかった。相手が超強豪だからこそ、やってやろうと思えるまでにナインは成長していたのである。

7月9日、岡崎市民球場での第1試合。

豊野は初回から仕掛けた。先頭打者の近藤壱紀がヒットで出た。さらに2番の山口がノーサインでバスターを成功させ、ヒットで続いた。初球と2球目はバントの構えだけして布石を打ち、3球目でバスターの強行策に出た。

「俺の予想を超えている。余裕あるな、こいつら」

ナインの躍動に松井も驚いたが、もともと豊野ベンチの心は決まっていた。試合前から、いや、練習試合のときから松井は、部員に「攻めるしかない」と言い続けてきた。

「びびったら負けだぞ。強豪校がこけるのは、こっちが攻めたときだ。今までの練習試合で、盗塁や暴走でアウトになっても、俺は怒らなかっただろ？　そういうことだよ。いいか、とにかく攻めるぞ」

3番・深津光成の送りバントで一死二、三塁とし、4番の田村が打席で緊張しているとみるや、松井は攻めの采配に打って出た。カウントが2ストライクにもかかわらず、スクイズのサインを送ったのだ。無事に田村が相手投手前にゴロを転がし、三塁ランナーが生還。さらに投手が一塁へ送球動作をとる間に、二塁ランナーも三塁を蹴って一気に本塁へ向かった。これが相手のエラーを誘い、悠々ホームイン。事実上の「2ランスクイズ」で2点を先制した。

さらに、一塁に生きた田村もその後、ノーサインで二塁へ盗塁を試みた。これはアウトになったが、ベンチからは「ナイストライ！」と称える声が次々に飛び出した。

「普段から『攻めろ』と言ってる監督ならこの場面、こうしますよね」

ナインの誰かが言う。松井は、選手たちと一体になれた気がした。

4回表にも1点を追加した。田村が二塁打で出た後、今度は三塁へ盗塁。5番の安田佳登がタイムリーを放った。見事な攻撃だった。ナインは「勝てる」と思った。油断ではなく、ここまでで培った自信だった。

ところが、地力に勝る愛知啓成がここから反撃する。球数が多かった田村の球威ダウンにつけこみ、中盤から終盤にかけ2点を返した。さらに8回裏、豊野の2年生捕手・三浦孝太郎に守備ミスが出たことを足掛かりに逆転。終盤までリードしていた豊野にとって、8回裏で逆転を許すつらい展開になった。

それでも、豊野は諦めずに最後まで攻め続けた。9回表は二死後、6番の堀部有輝がヒットで出ると、ディレード・スチールを敢行。二死二塁とし、7番の三浦が三遊間へボテボテの内野ゴロを転がした。タイミングはアウト。しかし三浦が必死に走り、一塁へヘッドスライディング。内野安打とした。

愛知啓成の遊撃手がこのゴロを捕球して一塁へ送球し、球場全体が一塁審判のジャッジに注目したその瞬間。豊野の二塁ランナー・堀部は三塁を蹴り、一気に本塁へ向かっていた。それは試合前に松井が言った、「攻める」走塁そのものだった。

相手の一塁手から本塁へボールが転送される。タイミングはきわどい——。

「ヒズ・アウト！」

アンパイアの非情な宣告が響いた。それは豊野の夏の終わりを告げる判定だった。

走者の堀部はしばらく本塁上でうずくまっていた。松井は笑顔で「ナイスランだ！」

と讃えた。

「お前たちはこれだけやれたんだ」

試合後のロッカールームで、選手のほとんどが肩を震わせてむせび泣いていた。その光景に松井もしばらくの間、言葉が出なかった。

「3年生の7人は、全員がレギュラーとして頑張ってくれたな。注目校として見られて、プレッシャーも感じ、いろいろなものを背負わせていたと思う。入部したときは、そんなつもりで野球をしていたわけじゃなかったかもしれない。俺がきたことで、しんどい思いをしたかもしれない。ただ、今日の試合で感じてくれたように、人生はどうなるか分からない。野球部寮もあって甲子園に出たこともある愛知啓成が相手でも、お前たちはこれだけやれたんだ。これを人生につなげてほしい。俺についてきてくれて、成長してくれて、本当にありがとう」

松井は田村にも声をかけた。田村は9回表の攻撃中からもう泣いていた。

「田村のおかげで、いい思いをたくさんさせてもらったよ。今日の試合はもちろん、普段から強豪校と練習試合を組めるようになったり、プロや大学のスカウトが学校に来たり、今まで知らなかった世界に田村が連れていってくれた。本当にありがとう」

田村も泣きながら言葉を絞り出した。

「ありがとうございます。僕をここまでにしてくれて、感謝しかありません」

涙が乾いた田村は、2年生の捕手・三浦がまだ泣いているのが見えた。8回裏、パスボールや悪送球を犯し、それがきっかけで逆転を許してしまったのだから、無理もない。

背番号1が近寄っていく。

「気にしなくていい。俺も去年、先輩の最後の試合で打たれていたから。今度は三浦が引っ張っていかないとな」

「頑張れよ」と励ましながら、田村は三浦の肩を叩いた。それは1年前の夏、敗れた責任を感じて泣きじゃくる田村に、先輩たちがしてくれた仕草と同じだった。

豊野に勝利の女神は微笑まなかった。しかし負けたその日の午後、学校のグラウンドで黙々と自主練習に取り組む三浦の姿があった。

翌年4月。

田村は愛知大学の1年生として、大学野球公式戦のマウンドに立っていた。プロ選手を毎年のように輩出する愛知大学リーグで、早速のデビューを果たした。高校野球の引退後も絶えず自主トレーニングを続け、いきなり主力投手の座を勝ちとっていたのだ。

松井は伝え聞き、わずかに戸惑いを覚えた。

「田村は1年間は体づくりに専念すると、大学の監督さんから聞いていたんだけどな……。高校の間、俺はあいつに大して野球の技術も教えてやれなかったし…」

そう話す顔は、少し誇らしげでもある。

気弱だった教え子は、堂々と「将来、プロに行く」と口にするようになっていた。

波乱万丈のサウスポーが間違いなくエースだった夏

大府高（愛知）

山は高く谷は深く

観客たちは出口へ向かい、グラウンドはベースも外されて入念な整備が始まっている。ベンチやスタンドでは他校の野球部員たちが片付けや清掃をしている。試合中、一時的に降った雨はもう止んでいる。ロッカールームでは大粒の涙がこぼれ落ちる。負ける覚悟はできていた。それでも、やはり悔しさも悲しさも抑えることができない。大府高校のエース、八木奎樹は泣き続けた。7月21日愛知大会4回戦、小牧市民球場第二試合でシード校の栄徳高校相手に3対6で敗れ、高校野球が終わった。

八木は中学時代、強豪軟式野球クラブの名古屋ドジャースで活躍し、選抜チームにも選出されていた。そんな八木が名門私学ではなく大府を進学先に選んだ。愛知県で一番強い公立校、大府でエースをとる。そして、甲子園へ行く。という思いを胸に。

入部早々に頭角を現し、すぐにレギュラーチームの一員として登板することとなった。このとき、一つ上の学年にプロも注目する絶対的エースがいた。そのエースの背中を追い続け、成長していった。エースも八木をかわいがり、惜しみない指導をした。めきめきと力をつけ、チームの信頼を積み重ねると2年生の春からは上級生エースに続くピッチャーとして登板機会がますます増えた。夏は同級生のピッチャーでベンチ入りしたのは八木だけだった。当然、新チームが始まれば八木がエースとなるだろうと周りの多くの者たちが思っていた。エースも八木に新チームのエースとしてチームを甲子園へ導いてほしいと想いを託して引退していった。八木はその想いを受け取って、新チームのスタートを迎えた。

だが、秋の県大会ではそのエースナンバーをライバルに明け渡すことになった。地区予選の初戦、つまりは新チームの公式試合開幕戦こそ背番号1で臨むことができたが、毎試合背番号登録を変更できる地区予選で八木は3試合目からは背番号が8になっていた。

八木は中学時代から打撃センスも非凡なものがあり、足も速く、登板しないときは野手として試合に出場していた。高校では投手一本でこれまで取り組んできたが、新チームとなりチーム全体の攻撃力がやや落ちたことで八木の打力が必要とされた。他にも怪我人がいて野手のレギュラーが固定できないという理由もあった。また、八木のピッチャーとしての力は旧チームまでで十分スタッフも仲間もわかっている。県大会へ向けてこの予選では多くのピッチャーを試したいという思惑もあった。そういったいくつもの要因から八木は野手として起用された。

野手として出場するにしても別に背番号は1のままで良いじゃないか、と、八木は思っていたが、チームの方針もあってエースナンバーを背負うのはその試合の先発ピッチャーや軸となるピッチャー。登板予定のない八木が背負えるものではなくなっていた。

すると、チームにとっては嬉しい結果、八木にとっては歯がゆい思いをすることとなる結果が出た。ピッチャー陣が予選の経験で県大会でも計算できるレベルに達したのだ。ピッチャー陣が計算できるとなれば、勝つために攻撃面をどうしていくか考えなくてはならない。また、大府の野田雄二監督は個人が投打もしくは守打の両方で軸になることを求めていない。もちろん、そういった選手が生まれることは大歓迎だが、個人に負担をかけないためにも、チームで戦うという考えからも、まずなにか一つアピールしてほしいという想いからも、一人に二つのことを求めないのだ。ましてや新チーム発足直後となれば、センバツがかかっている大会とはいえ心も体もまだまだこれからの選手たちに何事も無理をさせるようなことはしない。

そうなると、計算できるピッチャーがいて攻撃力に劣るチーム状況から八木は秋の県大会は野手に専念してほしいとなるわけだ。

背番号が8となってから登板機会はなく、地区予選と県大会の間に組まれた練習試合も野手としての出場だった。そして、そのまま秋の県大会は外野手として、トップバッターやクリーンアップを担うこととなった。

二回戦ではチーム状況や日程の関係で急遽ぶっつけ本番で二番手ピッチャーとしてマウンドに立ち好救援。チームを勝利へ導いた。しかしながら、以降登板することはなく不完全燃焼のまま秋の県大会を終えることとなった。

エースになりたい

秋の県大会で敗戦した直後、八木は悩んでいた。

「自分はエースになりたいし、それを目標に大府へきた。しかし、チームからは野手としての能力も求められている。でも、前エースとの約束もある……」

八木は野田監督のもとへいき、ピッチャーに専念したいという気持ちを伝えた。

ピッチャーとして勝負をしたいという八木の想いを野田監督は尊重し、八木が野手メニューに取り組むことはなくなった。ピッチャーとして同級生に負けていると感じたことはなく、ピッチャーに専念することで自身がピッチャー陣を引っ張りまとめていくのだと気合いが入っていた。事実、それができていた。振る舞いもピッチングもまさにエースだった。

だが、年内の練習試合をエースとしての扱いで登板する機会はなかった。

このとき八木に小さな不満と不安が生まれた。なにが足りないのか、なにをすれば良いのか、わからなかった。

「どうして？」

冬の練習に入ると八木は一層気合いを入れて練習に取り組んだ。認められたいという想いを爆発させるように、俺がエースだと宣言しているかのように。こうして、ひと冬越えて春を迎えた。体も大きくなり、球も良くなっている。試合解禁へ十分な手応えを感じていた。

3月に入り練習試合が解禁となったとき、外野手が一人怪我をしていた。八木はピッチャーだけでなく、ふたたび野手でも起用された。ピッチャーに専念って伝えたのに、と、また少し不満が膨らむ。しかし、秋の県大会以降はピッチャーメニューのみ取り組んできたため、野手としての結果はそれほど良いものが出ない。反対にピッチャーとしては抜群の結果が出る。八木は「もう野手は無理」と、あらためてピッチャー専念の意思表示をし、野手をやることはなくなった。

孤独の先に

春の地区予選開幕前、背番号が発表された。背番号は「11」――。

「え、なんで？　俺これ以上どうしたらいいわけ？　くそっ！」

心が折れた。普段は素直に受け入れられる指導もすべてが理不尽に聞こえてしまう。些細なことでもすべて悪い方向にしか受け取れなくなってしまった。苛立ちも日に日に増していくなかで、両親に愚痴をこぼした。

これまで八木は学校生活も野球部活動も毎日の出来事を自宅で両親に話していた。面白い出来事では一緒に笑ってくれて、嫌な出来事があれば慰めてくれていた。だが、このときだけは違った。あまり励ましてもらえなかった。むしろ、強い口調で厳しい言葉をかけられた。その反応の意味が八木はわからず、このときの精神状態からますます苛立ちが募るばかりだった。

どうすることもできない八木は、苛立ちをとにかく練習にぶつけた。ひたすら走り、トレーニングをし、投げ込んだ。黙々と、淡々と。地区予選でも登板機会はすべて好投した。春の県大会までの数少ない練習試合でも好投した。

「この時期、一番良かったのは八木だ。結果も最も残した」と、野田監督に言われたが、このとき八木は半ばエースナンバー背負うことを諦めていた。結果を残してもエースにはなれないとさえ思っていた。

だがしかし、春の県大会でついにエースナンバーを与えられた。「やっともらえた。でも、もっと早くもらえてもよかったんじゃないかな」と、思いながらも表情は緩んだ。あれほど溜まっていた苛立ちも一瞬で消えていた。

「ようやく両親と前エースの先輩へ良い報告ができる！」。八木はそう思った。

春の県大会は2回戦からの登場となった初戦で先発し好投。連投となった次戦では序盤にエンジンがかからず敗戦投手となってしまったが、夏へ向けて課題も目標も明確となっていた。

調子はどんどんと上向き、練習試合では他県のチャンピオンも抑え込んだ。ストレートはどんな打者も詰まらせ、時には相手打者が手を出すことさえできないスピンのきいたボールだ。得意のフォークボールはことごとく相手打者のバットが空を切る。もうなにがあってもこの夏のエースは八木で決まりだ。

夏の大会開幕直前、八木は両親から手紙を受け取った。そのなかの一部には、八木が愚痴をこぼしたときに優しい言葉をかけなかった理由が書かれていた。


奎樹が弱音を吐いたり愚痴をこぼしたりしたあのとき、励まさずに強く言ったのはあなたに腐ってほしくなかったためです。

もしも、あそこで私たちが甘えさせてしまったら、このまま奎樹は落ちていってしまうと思ったからです。

入学前に「大府でエースを取る！」という目標を奎樹から聞いたから、どんな事があっても支えて、親子で頑張ろうと思ったし、中学の担任の先生にもそう宣言しちゃったから、私たちもあのときはじっと耐えました。

奎樹は強い子です。どんな困難でも必ず自身の力で乗り越えてくれるだろうと信じていました。よく耐えて、ここまでひたむきに頑張ってきたね。

朝早くて、夜遅くて、弁当作りや食事管理も凄く大変で、よく喧嘩もしてきたけど楽しかったよ！

エースナンバーおめでとう。夏の大会、頑張ってね。天国にいるおじいちゃん、ひいおばあちゃんのためにも精一杯投げてね。

八木は泣いた。親の温かさや大きさを感じた。この夏、なにがなんでも甲子園へ行って恩返しをしたい、そう強く思った。

夏の大会、組み合わせはこのときすでに決まっていた。四回戦でシード校の栄徳と戦うことになるはず。絶対に倒してやる、と、気合が一層入った。

ラストサマー

いよいよ最後の夏が開幕した。開幕戦の先発マウンドにはもちろん大府のエース八木が立っていた。

「前エースの想いを受け継いだんだよな、その想いをぶつけてこい」

野田監督はそう言って八木をマウンドへ送り出していた。エースらしい投球を、とか、エースとしてビシッと、などというような言葉は不要だと思っていた。夏は実績や技術ではなく、抱いている想いをどれだけ強くぶつけられるかの勝負なのだと。

八木は少々入れ込み過ぎたか、夏の開幕戦独特の緊張からか初回に先制を許してしまったものの、その後は落ち着いた投球でまとめ、味方打線も逆転をすると徐々に差を広げた。快勝で初戦を突破した。続く2回戦、3回戦も八木が先発マウンドに立ち、要所を締めるピッチング。チームは順調に勝ち進む。

ただ、八木だけはここまで不調だった。低めに丁寧にコントロールされるはずの球が頻繁に抜ける。制球が定まらない。球も走らない。大会前の好調時と比べれば力は半分程度しか発揮できていない状態だ。好調のピークが5月から6月と早くきすぎてしまい、夏の大会を迎えたときにはちょうど調子の波が下がっているところだった。

初戦から3回戦まで、すべて先制点を献上していた。しかし、調子が悪いなりに八木は粘り強いピッチングをした。打たれたとしてもリズムの良い投球で悪い流れを作らない。

不思議なことに、八木が投げているあいだは打線が活発だった。連続タイムリーや連続ホームランなどが飛び出し、好走塁も連発。守っても好守が幾度となく生まれた。間違いなく力以上のものが発揮されていた。

夏の大会っていうのはそういうものだ。奎樹のために頑張ってやろうっていう想いがあるから力以上のものが発揮される。それだけ奎樹のこれまでの姿が周りに評価されているんだな。と、野田監督は嬉しく思っていた。

ベンチ入り選手とスタンドの応援の総力で戦い、4回戦へ駒を進めた。いよいよ、次戦はシード校が相手だ。

試合前日まで、野田監督は次戦の先発投手を誰にするか迷っていた。初戦から3回戦までの内容、調子から考えたら次戦の先発が八木と決断できない理由がいくつもある。先発ではなく、中継ぎや第二先発としての起用を想定して準備させても良いかもしれない、と。

しかし、ここまでの八木の粘り強い投球、チームの雰囲気や仲間からの信頼感、そういった面から考えると次戦も先発はエースの八木でいくべきだ、との判断になった。迷いは一切消えた。

そして、7月21日を迎えた。

この日も八木は調子が出ない。抜け球もある。

初回、一死二塁から相手の3番打者に粘られるとレフトスタンドへライナーで打ち込まれた。先制のツーランホームランを浴びてしまった。この日も先制を許した。

落ち着け、と、自分に言い聞かせる。もう4回戦、緊張はない。ただ、今大会ずっと思うような球が投げられない。なんとかしないと、という気持ちが膨らむ。あたりまえだが、これまで仲間が逆転してくれてきたからといって先制点を献上することをラッキーだと思える余裕はない。

2回裏、この回の先頭をエラーで出し、次打者が送りバントで一死二塁。続く9番打者の初球、カーブが抜け球となり「ボール！」と、主審がコールしたときだった。

「タイムタイム！」

ベンチから大きな声が聞こえた。タイムがかかると、後輩投手がマウンドへ走ってくる。「え、俺……？」と、小さな声でつぶやく八木に後輩投手が申し訳なさそうな表情をしながら手を差し出す。八木は手にしていたボールを後輩へ渡した。今大会最短の1回と3分の1での降板となった。

野田先生、なんでこんなにも早くかえるんですか、と、心の中で思いながら唇を噛み、八木はベンチに下がる。

クールダウンのキャッチボールをするわけもなく、軽く放心状態となったままグラウンドを見つめる。後続を抑えた後輩がベンチへ戻ってくる。出迎える八木の気持ちはまだざわついている。

しかし、今は下を向くときではないと我に返る。甲子園へ行きたい。だから、この試合に勝たなくちゃいけない。これは今日勝つための采配なんだ。と、顔を上げた。

それからは、登板中のピッチャーがベンチへ帰ってくると毎回首元を氷嚢で冷やしながら団扇であおいだり、声をかけたり、ドリンクを渡したりと積極的にベンチワークをこなしチームサポートに徹した。

気がつけば6点差をつけられていた。それでも、諦めてはいなかった。もう一度、投げたい。そう強く願った。

7回にようやく味方打線が繋がって3点返した。いけると思った。今日もまた逆転するんだ、と。

それからは無我夢中で声を出した。つなげ、続け、まだまだ、いける、とにかく思いつく言葉をどんどん声にした。明日のことなど考えていない。ただ、いま、この試合に勝ちたい。

気がつけば9回二死まで追い込まれている。いや、追い込まれてなどいない。ここから逆転するんだ。ああ、頭が少しボーッとしてきた。いけない、集中しよう。目を見開いてしっかりと見た。相手のライトが飛球をキャッチしたと同時に、相手ベンチから笑顔で選手が飛び出してきて、相手エースが小さくガッツポーズをしている姿を。

試合終了――。

ラストミーティング

相手校の校歌が流れる。視線の先は笑顔の人たちがたくさんいる。スピーカーから流れる校歌とスタンドが歌う校歌がズレて響き渡る。相手校の選手たちはグラウンドへ一礼するとスタンドの方へ駆けていく。歓声が聞こえる。

大府ナインもスタンドへゆっくりと向かう。スタンドを見上げられない。でも、応援してくれた皆に挨拶をしないといけない。顔をあげると、静寂に包まれた空間で悲しい顔をした皆がメンバーを見つめている。遠い背後からは明るい声が聞こえる。

挨拶を終えてロッカールームへ引き上げる。背番号をつけた選手たちは全員下を向いている。座り込んで涙を流す者、壁にもたれかかっている者、さまざまな様子と表情を見せている。この空間に声はなく、鼻をすする音や咳の音、メンバー外の下級生たちが道具を片付けている音しかない。下級生たちは上級生の姿を直視できない。こんなにも生気のない姿を目にしたことがなく、この重すぎる空気に潰されそうになっている。

手際よく道具を片付けたと言うのか、逃げるように退出したと言えるのか、メンバー外の下級生がロッカールームから出ると、入れ替わるようにしてスタンドで応援していた3年生が入ってきた。この場にいるのはベンチ入りメンバーと記録員の21名プラス3年生全員。皆がそれぞれ悔しい顔であったり、情けない顔であったり、高校野球が終わったことに対する寂しさであったりとにかく暗い表情を見せている。誰も達成感などない。笑顔が生まれるキッカケは皆無だ。

そこへ野田監督がやってくる。集まろうか、の声に立ち上がった全員が野田監督の前に集まった。そして、野田監督が口を開く。ラストミーティングが始まる。

「受け入れがたい現実だな。でもな、勝負の世界に身をおいている者としてグレーはないんだ。白か黒しかない。今回は残念ながらそれが黒という結果で出てしまった。悔しいけれど、残念だけれど、この現実を受け止めなくてはならない。真正面から受け止めなくてはいけない。お前たちと同じように俺も悔しい。誰が悪いなんてこともないからこそ、この気持ちをどこに向けたらいいのかわからない。

……いいか、今日の結果が黒だからといって今までお前たちが過ごしてきたこの日々や生活、毎日の積み重ねが無駄であったとか、無駄になってしまうことはまったくない。それは、この目で見てきた俺が断言する。お前たちの頑張りや努力は俺が保証してやる。だからな、ありきたりな言葉にはなるけれど……、本当によく頑張った」

悔しさも悲しさもすべて選手と共有したうえで、野田監督はそう全体へ向けて話した。選手たちの目からとめどなく涙が流れる。野田監督は八木のもとへ歩み寄ってこう言った。

「お前だから今日この大一番で先発としてマウンドにあげるということを考えたんだ。この夏、一番の勝負どころで、エース以外のピッチャーを先発マウンドにあげること、奎樹以外のピッチャーをまっさらなマウンドに立たせるって選択肢は考えられなかった。ここまで頑張ってきたお前だからこそそう思った。奎樹、エースとしてこの夏よく頑張った。いや、2年半、本当によく頑張った。俺はお前と心中できてよかったよ」

野田監督のこの言葉たちに、そんなふうに思ってくれていたんだ、と、八木は涙がますます溢れ出てきた。誰よりも泣いた。野田監督に返事はできなかった。

野田監督と八木は二人三脚で特別なにかに取り組んできたわけではない。だが、入学してきたときから同級生の先頭を走ってきた八木が苦しんだ2年生のとき、野田監督はクラスの担任としてずっと八木を見守っていた。

奎樹が一番苦しんだ2年生の1年間、教室でもグラウンドでも成長していく姿を見届けることができた。奎樹が一番苦しかったのは秋から冬、春の一歩手前ぐらいまでかな。2年生の2学期から3学期にかけての半年間ぐらい。1学期から夏休みぐらいまでは前エースの背中を追いかけていく、ついていくってスタンスだったのに急激に環境も立場も変わったからしんどかったよな。お疲れさん。また言ってしまうけど、よく頑張った。と、野田監督は心の中でそう言葉を続けていた。

7月29日、八木は愛知大会決勝戦を観にパロマ瑞穂球場を訪れていた。中学時代のチームメイトがいる中京大中京と自身が敗れた栄徳のカードだった。

ああ、本当に俺の高校野球生活が終わったんだ、と決勝戦を観ているとき八木は、ふと、実感した。試合に負けた瞬間も、ロッカールームで涙を流していたときも、その翌日も、高校野球が終わったという感覚がなかった。このとき初めて自分自身がもう高校野球をやることはできないとハッキリわかった。それと同時に、夏の大会で本来の力がまったく出せない不調のまま終わってしまった悔しさがまた込み上げてきた。

大学で野球をやろう。

グラウンドで中京大中京が甲子園出場を決めたとき、八木はスタンドでそう決断した。

亡き監督の夢を胸に抱いて挑んだ夏

京都翔英高（京都）

チームを襲った突然の訃報

２０１６年10月30日。その出来事は突然にやってきた。１週間前に近畿大会の１回戦で智弁学園に４対６で敗戦して惜しくも翌年のセンバツ出場を逃した京都翔英。夏こそは甲子園に出るためにこれからもう一度頑張ろうという矢先、浅井敬由監督は帰らぬ人となった。

浅井監督が亡くなる前日は学校の文化祭が行われていたため、練習はなかった。この日、監督は酒井コーチとともに教え子がお世話になっている奈良県の大学へ挨拶に行くことになっていた。浅井監督は大学に行ってからそのまま自宅に帰っていたが、特に変わった様子はなかったという。当時の部長だった伊地知正喜は文化祭の片付けを終えた後に「今日は遠いところすみませんでした。明日の練習試合は朝早いですけどお願いします」と浅井監督にメールをした。すると「（教え子が）試合で使ってもらったけどキャッチャーフライで交代させられてあかんかったわ。また明日ね」と返信が来た。いつも通りの何気ないやり取り。まさか翌日にあんなことになるなんてその時は思いもしなかった。

その日は練習試合で福井県に行くことになっていた。遠征の際は伊地知部長が選手の乗るバスを運転して行くことになっている。浅井監督は酒井コーチと合流して直接グラウンドに行くのが通例だった。いつもと同じように伊地知監督はバスを走らせる。この時は浅井監督もいつもと同じように向こうで待っているだろうと思っていた。伊地知部長の運転するバスが相手の高校に到着すると、違和感を感じた。いつもならバスより先に浅井監督と酒井コーチの車が着いているはずだが、この日はまだ着いていない。最初は「あれ？　珍しいな」とくらいにしか思わず、帯同していた山下コーチと先に試合の準備を進めることにした。

すると、酒井コーチから「浅井先生が病院に運ばれたらしいです」という連絡が入った。少し驚いたが、その時はそこまで深刻に考えていなかった。浅井監督は家族を愛知県に残して単身赴任をしている。近くの病院に運ばれたということもあり、酒井コーチは「ちょっと見てきます」と伊地知部長に連絡し、「よろしく」と頼んだ。一体どうしたんだろうと？　と思いながらも大事になっているとは思ってすらいなかった。しかし、その後に病院から「家族じゃないと症状も面会もできない」との連絡が入り、伊地知部長は不審に思った。一体それはどういうことなのだろうか？　事態を上手くつかめず、動揺せざるを得なかった。

愛知に住んでいる浅井監督の妻と娘は浅井監督が住んでいたマンションの大家から連絡を受けて京都に向かっていた。その連絡を受けて練習試合を山下コーチに任せ、伊地知部長は浅井監督の妻と娘を迎えに行くことにした。酒井コーチから「多分、容態は重たいですよ」と言われて驚いた。昨日まで元気だったのにそんなはずはない。一体どういうことなんだ？　動揺して頭の整理ができていなかったが、ひとまず病院に行ってみないと詳しいことはわからない。浅井監督の家族とともに病院に向かったが、病院に着いたときに浅井監督は既に集中治療室の中にいた。

伊地知部長は浅井監督の妻と説明を受けた。浅井監督は自宅で体調が悪くなり、自分で病院に電話をかけたという。救急隊員がすぐに向かったが、オートロックのマンションだったので部屋に入ることができなかった。1階に住んでいた大家に頼んで開けてもらい、病院へと運ばれたが、病院内で息を引き取った。病名は大動脈解離で享年56歳という若さだった。

医者からの説明を聞いている時、伊地知部長は医者が何を言っているのかよくわからなかった。浅井監督はグラウンドでも時間があるときに「ごめん、ちょっと寝るわ」と言ってソファとかで寝ていることもあったが、その時と同じようにまるで寝ているような顔をしていた。伊地知部長は目の前で起こっていることが信じられなかった。まさか浅井監督が亡くなるなんて。それまで体調が悪い様子もなく、こんなことになるなんて思ってもいなかった。

しかし、目の前で起こっていることは現実で生徒たちにも説明しなければならない。この日に練習試合をした相手の監督は浅井監督と旧知の仲だった。相手校の配慮もあり、練習試合は1試合で切り上げてもらい、自分たちのグラウンドに戻らせた。やがて福井から生徒がグラウンドに帰ってくると浅井監督の身に起こった事実をありのままに話した。話を聞いていた選手たちは明らかに動揺していた。恩師との突然の寂しさで号泣する者もいれば、現実を受け入れられずに呆然とする者もいた。この日は引退した3年生も手伝いで何人か来ていたが、そのうちの一人である森元啓雄はショックのあまりその場から動けなくなっていた。「気持ちは分かるけど頑張らないかんよ」という話をしたが、そう簡単に切り替えられないのは伊地知部長も百も承知だった。その場ではそれ以上のことは何も言わなかった。

事実を受け入れられずに戸惑う

練習を再開したのは浅井監督の葬儀を終えた翌日からだった。浅井監督の分まで甲子園を目指して頑張ろうという空気にはなれず、練習を見ていても明らかに雰囲気は暗かった。伊地知部長はその日に全員を集めて「多分浅井先生はこうなってしまって悔しいと思うけど、おまえらがこうやって暗くなっているのを浅井先生は望んでいないと思うよ」ということを話した。選手も伊地知部長の言っていることが正しいことはわかっていた。ただ、わかっていてもなかなか気持ちを切り替えられずにいた。そして何より選手よりも明らかに指導陣の方がショックを受けていた。浅井監督はすごく人に気を遣う人だった。部長やコーチへの面倒見が良く、頼り切っていたことも多かった。このままではいけないとわかっていても浅井監督を失った心の傷はなかなか癒えずにいた。

11月は3年生の進路の関係で大学に出向いたり、中学生の勧誘で出向いたりすることが多かったため、伊地知部長はなかなか練習に出ることはできなかった。その間に新しい監督は決まらず、チームも腰を据えて強化に励むことができない。ようやく新監督が決まったのは浅井監督が亡くなって1カ月が経過した12月上旬。校長から伊地知部長に「浅井先生の後をやるように」と依頼され、伊地知部長の監督就任が決定。新体制で甲子園を目指すことが決まった。

監督になったものの伊地知監督は何からして良いのかわからなかった。まさか自分が監督になるなんてあの出来事が起こるまでは全く思っていなかったからだ。この年の夏は浅井監督の手腕と3年生の頑張りもあり、初めて夏の甲子園に出場した。浅井監督に頼り切っていたという認識が伊地知監督にはあった。ひとまず伊地知監督は3人のコーチに「あくまでも俺は今まで部長の感覚だから、今まで通りやってよ。俺に遠慮せんといてな」と話した。浅井監督が作ってきた土台を継続することがチームにとって一番良いことだと思っていたからだ。浅井監督がやってきたことが正しいと信じてこれまでの方針を変えることなく、甲子園を目指すことにした。

夏に向けて大事な冬練習に突入。2年連続の甲子園出場を目指して練習に集中したいところだが、なかなかチームの雰囲気は変わらない。何とか士気を盛り上げようと努めたが、簡単にショックが抜けることはない。大きくチームを変えるきっかけもなく、春の大会を迎えた。監督を失ったということだけでなく。戦力面でも不安を抱えていた。まず投手力に不安があった。さらに昨夏の甲子園を経験し、４番で正捕手の川本万葉が腰を痛めていて万全ではない。さらにサードのレギュラーも固定できておらず、チームの不安材料は山積みだった。１次戦は川本を使わずに何とか突破し、２次戦に進出。しかし、２次戦は初戦で接戦の末にサヨナラ負け。秋に近畿大会出場したことを考えればここで負けてしまうのは物足りない結果だった。まだ夏があるとはいえ、悔しすぎる敗北。試合後には涙を流す選手もいた。

伊地知監督は３年生に負担をかけてしまったという思いが強かった。３年生は２年足らずの間に２度の監督交代を経験している。そして自分が監督になってからは思うように勝てていない。浅井監督は不慮の不幸だったこともあったが、苦労をかけた３年生には申し訳ない気持ちでいっぱいだった。だからこそ苦労した３年生には最後の夏で使ってあげたいという気持ちが強かった。だからこそ３年生には「とにかく頑張れよ」と声をかけ続けた。とにかくここまで大変な思いをしてきた３年生が最後に報われてほしい。伊地知監督はただそれだけだった。

まさかの敗戦と亡き監督への報告

迎えた夏の大会。相手は菟道に決まった。サードにコンバートした川本の状態は万全で打線は好調。最後まで投手陣の不安を拭うことはできなかったが、甲子園は十分に狙れるだけの力は付けていた。しかし、2点リードの3回裏にアクシデントに見舞われる。ここまでノーヒットピッチングの好投を続けていたエースの内橋拓也(3年)が変なフォームで投げていることに伊地知監督は違和感を覚えた。すると、その次の球を投げた瞬間に左脇腹を痛めて投げられなくなってしまった。診断結果は左脇腹の肉離れ。好投のエースが負傷退場という想定外の事態に慌ててリリーフを送ったが、準備不足は否めなかった。この回に3点を奪われて逆転を許してしまった。

打線が奮起し、なんとか5回表に同点に追いついたが、なかなか勝ち越し点を奪うことができない。京都翔英にしてみれば「あれ?」「あれ?」という展開の連続だった。相手野手が事前に打ち合わせをしたわけでもなく、定位置とは違う位置で守っていて、ことごとく打球がその正面を突いていたのである。後に伊地知監督は菟道の部長にそのことについて聞いたが、特にベンチからの指示や自分たちで考えていたわけでもなく、なんとなくそこに守っていただけだったという。ヒット性の当たりを打っても相手の守備範囲に阻まれて、ヒットにならない。伊地知監督は「焦るなよ、焦るなよ」と選手に指示を出していたが、選手たちは明らかに動揺していた。そうして得点を奪えないまま試合は進んでいく。気づけば９回裏になっていた。

そして終わりの時は突然やってくる。マウンドには８回からキャプテンの阿部大弥が４番手として上がっていた。阿部は本来、遊撃手でチームの要だが、総力戦となったことで普段はあまり投手の練習をしていないながらも登板することになった。阿部は先頭打者を打ち取ったが、その後に二つの四死球を与えてしまう。そして次の打者に投じた球はセンターの頭上を超えていった。二塁走者が一気にホームへ駆け抜け、３対４のサヨナラ負け。前年の優勝校がまさかの初戦敗退という結末を迎えた。

捕手の出原康希や途中降板した内橋は泣き崩れていた。伊地知監督は最後まで自分たちの不安要素を解消できなかったと自らを悔いた。伊地知監督は「すまん、俺の力不足で負けてしまった。本当にごめん」と選手たちに謝罪した。選手たちには最後の最後まで苦労をかけたという思いしか伊地知監督にはなかった。最後の夏だけでも良い思いさせてやりたいと思っていたが、それすらもかなわなかった。本当に申し訳ないなという気持ちしかなかった。

全体ミーティングが終わった時に３年生が一人ずつ伊地知監督の元を訪れた。ある選手は「伊地知先生が監督1年目のときにやれて良かったです」と言ってくれた。そういってくれたことが伊地知監督にとっては救いだった。3年生の中には中学時代に少しヤンチャなことをしていた選手もいたが、その選手は「伊地知先生が『おまえが勝負する場所はこんなところちゃうやろ、野球で勝負せえよ』と言ってくれたおかげで僕は三年間頑張れました」と感謝の気持ちを伝えた。主力の阿部や川本は「すみませんでした」と伊地知監督に謝ってきた。チームの柱なのに勝ちに導けなかったことに責任を感じていたのである。伊地知監督は「いやいや、こっちの方が勝たせてやれなくて申し訳なかったな」としか言えなかった。3年生には大変な思いをさせてしまったが、一人ひとりの言葉が伊地知監督を元気づけてくれた。3年生は明るくてチームワークの良い学年だった。最後の夏は残念な結果に終わったが、彼らは伊地知監督にとって自慢の教え子だ。

伊地知監督は今も監督としてチームを率いている。目指すのは学校としての甲子園初勝利だ。京都翔英は甲子園に2度出場しているが、いずれも初戦敗退に終わっている。甲子園初勝利は浅井監督と交わした約束だった。天国の浅井監督の約束を果たすために伊地知監督は今日もグラウンドへ向かう。

一度はあきらめた野球に再び挑戦した夏

総和工高（茨城）

高校で野球をやるつもりはなかった

総和工業の鈴木正良監督と大竹凌大の出会いは大竹がまだ小学生の頃にまで遡る。鈴木監督の甥と大竹が同じ少年野球に所属していたことがきっかけだった。当時のことを鈴木監督は「元気な子でピッチャー向きの性格だな」と思っていた。その後、大竹と野球を一緒にするということまでは想像できなかったが、元気で面白い子だしだな、野球を続けてくれればいいなと思っていた。

大竹は中学生になると鈴木監督の弟が会長を務める常総リトルシニアに誘われて入

団した。小学生時代は一塁手と外野手だった大竹だが、以前から投手をやりたいということもあり、シニアで本格的に投手を始めた。しかし、思うような結果は残せなかった。3年生の時には背番号1を貰ったが、実質的エースは2年生に奪われ、試合で投げる機会は少なくなってしまう。

小学生の時の方が楽しかったな。正直、今は遊びたいな――。

そういう気持ちが大竹の心の中に芽生え、少しずつ大きくなっていくと、選手としての結果は反比例していった。野球の実力で同じ仲間に負ける悔しさよりも、あきらめの気持ちが強くなっていった。そう割り切ってしまったら、時間の流れは早い。あっという間に中学3年の夏は終わった。

大竹は「野球はもういいや」と自らの野球人生に見切りをつけてしまった。

今までは野球という足かせがあったから遊べなかった大竹は、チームを引退して、それまでできなかったことをし始めた。野球の話をしたいわけでもないので、チームメイトとも付き合わなかった。遊んだのはもっぱら地元の友だちだ。今までできなかったことをしたいと思い、金髪に髪を染め、鮮やかな刺繍の入った特攻服を着て、夜の街を歩いた。「遊びたい！」という気持ちを素直に爆発させた。高校進学さえも考えていなかった。来年のことよりも、今日遊びたい気持ちのほうが強かったのだ。

そんな大竹を遠くからではあるが、しっかりと見つめていたのが鈴木監督だった。

「多分、中学校でもうまく行ってなかったんでしょう。それに対しての反抗もあったんだと思います」

いくら上手く行ってないとはいえ、進路を決めなければならない時期に差し掛かる。その時に、ある人から総和工業はどうかと大竹は進められる。その人こそ、常総リトルシニアの鈴木孝会長だった。

鈴木会長は、大竹に総和工業を受験するようにすすめられた。進学に必要な内申書はこれまでの行いから期待できない。入学試験で高得点を挙げるしか合格の道はない。そこで大竹は周囲に勧められて入試直前に塾に入ることにした。元々、地頭はあった大竹はすぐに学力が向上する。総和工業に入りたいという気持ちも強かったこともあり、必死に勉強した。その結果、点数が一気に１００点も上がり、無事に合格。鈴木健修とともに総和工業に入学することができた。

入学してすぐにマウンドへ

入学してからすぐに鈴木監督から連絡があった。

「すぐ投げさせるから来い」

大竹は、入学直後の春季大会でいきなり登板の機会を得る。地区大会でリリーフ登板すると、県大会の1回戦では先発の大役を任された。しかし、その試合で大炎上。上級生たちは大竹のことを責めることはなかった。しかし、そのことに大竹は辛さを感じる。

「うわ〜、こんな場所なのか」

マウンドの自分のパフォーマンスがチームの成績を左右するのはわかっていたが、自分の不甲斐なさで、先輩たちを負けさせてしまうのが心苦しかった。前年の夏より実戦からも練習からも離れていた。マウンドに上がっては打ち込まれて、黒星がどんどん溜まっていった。しかし、上級生は大竹に「頑張れ！」と言って、送り出してくれた。

そして夏の大会が始まる。大竹は、3回戦の常盤大高戦に先発した。しかし、マウンドでも自らの炎上で敗れてしまった大竹は「もっと頑張らないといけない」と今までにないくらいに本気で野球に取り組んだ。入っていきなり挫折を味わったが、試合に投げられて技術面でも向上したと感じることができて野球が楽しいと感じることができた。一つ上の先輩の代でも投手で一番経験のあった大竹がエースとなり、チームを引っ張っていこうという意識も芽生えた。そうして監督やチームメイトからも信頼される選手へと成長していった。

２年生の夏の大会を終えて新チームになった時、鈴木監督は大竹をキャプテンに指名した。大竹をキャプテンに指名したのは「ちょっと精神的に弱いところがあったから、キャプテンという使命感や責任感をどうにか付けてほしい」という理由からだった。期待をしている選手だからこそキャプテンになることで投手としても人間としても成長してほしいという鈴木監督の期待の表れだった。

一方、指名された側の大竹はキャプテンの経験がなく、本音を言えばやりたくないという気持ちもあった。中学時代は「下の方に隠れてやっていた」という人間だったから、自分がキャプテンになるなんて想像もしていなかった。キャプテンになって大変だったのはチームのことを第一に考えないといけないため、自分のことを考えることはほとんどできなかったことだ。本当は自分のやりたいこともあったが、チームのためにその思いはひたすら封印した。

さらにこの頃から新しくコーチが加入して、練習がこれまで以上に厳しくなった。「茨城で一番練習した」と自負する練習量になり、これに耐えられない部員も出ていた。

結局、1、2年生で計10人がチームを去ってしまった。キャプテンとして仲間が去ってしまうのは正直辛い。さらに3年生の春には肩を痛めて思うように投げられなくなった。チームのために自分が引っ張らないといけないのに投げられないもどかしさ。肩だけでなく、心も痛めてしまった大竹は髪の毛が抜け、円形脱毛症のような症状が見られるようになった。最初はそこまで気にならなかったが、その面積は次第に大きくなり、最終的に100円玉ほどの大きさにまでなった。自分ではストレスが原因だとは思わなかったが、鈴木監督の目には明らかに心労だと感じていた。

「全てを背負わせすぎちゃったかな。もうちょっと楽をさせてあげれば良かった」と鈴木監督は当時の大竹を見て感じていた。キャプテンになったことで今まで以上に真面目に取り組むようになり、責任感も増していた。それは鈴木監督が大竹に期待していたことだった。その一方で責任感に縛られてノビノビとプレーすることができなくなり、大竹本来の良さを消してしまっているのではないかと鈴木監督自身も悩んでいた。

大竹が思うように投げられない中で春季大会では他の選手が頑張った。大竹とエースを争う長谷川大樹が主戦投手として戦い、地区予選を突破。県大会でも強豪の日立一と土浦日大を破って2勝し、学校として初めてベスト8に進んだ。夏の大会のシード権を獲得したことでチームは勢いに乗っていた。これで初の甲子園も夢ではないと鈴木監督は密かに手応えを感じていた。

チームが上昇気流に乗る中で大竹はキャプテンなのに試合も出ることもできず、ひたすらもがき苦しんでいた。だが、今の状況を憂いている暇もない。そして何よりキャプテンとして弱い部分を見せてはいけない。春季大会が終わってから約1カ月間は投げずに走り込んだ。苦しい日々が続いたが、キャプテンとして辛い素振りは一切見せなかった。「自分がチームを引っ張って甲子園に導きたい」という想いで黙々と日々の練習に取り組んだ。何とか夏の大会1カ月前には投げられるようになった、ぶっつけ本番に近い状態だが、試合で投げられる状態にまで持ってくることができた。

どこまで行けるかに挑む最後の夏

いよいよ大竹にとって最後の夏がやってきた。どこよりも辛い練習をやってきたという自信があったから負けることなんて想像がつかなかった。「絶対に甲子園に行ける」と信じて大会に臨んだ。シード校の総和工業は2回戦から登場、初戦は鹿島と対戦した。この試合で大竹は登板せず、今後に備えて温存する作戦だった。この試合では先発した南木教明が好投。5回まで相手打線をノーヒットに抑え、2対0で前半を終えた。しかし、6回に南木が捕まり、無死満塁と一打同点のピンチ。そのタイミングでブルペンから帰ってきた大竹に「行けるか?」と鈴木監督が声をかけると「行きます!」と一言。大竹の言葉を信じて鈴木監督は大竹をマウンドに送り出した。大ピンチで登板した大竹はキャプテンの意地でこの場面を無失点で抑える。するとそのまま大竹は最後まで投げ切り、2対0で初戦を突破した。

続く3回戦の相手は藤代に決まった。何度も甲子園に出場している強豪だが、負けるつもりなんて一切ない。この試合も必ず勝てると信じていた。この試合は長谷川が先発。大竹は4回戦で投げる予定になっていたため、ベンチスタートになった。長谷川は2回裏に1点を先制されたが、状態は悪くない。打線も4回表に追いつくと強豪を相手に終始、試合を有利に進めた。しかし、チャンスは作るものの残塁が多く、あと一本が出ない。6回表には一死満塁の大チャンスを迎えたが、そこから連続三振に倒れ、チャンスを逃す。するとその裏に二死二塁から4番打者にタイムリーを打たれて勝ち越しを許した。ワンチャンスを活かす相手とあと一本が出ない自分たち。ビハインドを背負っていたが、自分たちの方が押していたから負けている気が全くしなかった。8回表にも再び一死満塁としたが、ここもショートフライと空振り三振に倒れて最後の攻撃に望みを託すしかなくなった。最終回の大竹は代打の準備をしていた。総和工業は先頭の鈴木健修が死球で出塁すると一死一、二塁のチャンスを作って中軸に打順が回る。しかし、ショートフライでツーアウト。続く打者の打席を大竹はネクストバッターズサークルで見守る。ここで終わらなければ自分に打席が回ってくる。自分にまで回って来いと念じながら試合を見つめていたが、ピッチャーゴロに倒れて試合終了。何度も得点のチャンスを作りながらも残塁12個と決め手に欠き、1対2の僅差で惜しくも敗戦。大竹は最後の試合で登板することなく、ネクストバッターズサークルで敗戦の瞬間を見届けた。

最後の夏は終わったが続く物語

試合が終わってから選手たちは呆然と立ち尽くして全く身動きが取れない状況だった。この後に試合はないのですぐにベンチを空けないといけないわけではなかったが、明らかに異常な光景だった。大竹にしてみれば「嘘だろう?」という感覚だった。試合展開は明らかに自分たちが押していた。だから自分たちが負けているなんて全く思っていなかった。そして何より茨城県のどの高校よりも自分たちが一番厳しい練習をしてきた自信があったから負けるということが想像できなかった。「俺らってどうやって負けるんだろう、どんな負け方するんだろう」とすら思っていたからこんなにもアッサリ負けてしまうということが信じられてなかった。そう思っていたのは大竹だけではない。他の選手も大竹と同じことを思っていた。負けたという現実を受け入られず、5分ほどベンチでみんな茫然としてスコアボードをずっと見つめていた。

鈴木監督は選手たちの様子にビックリしたが、いつまでもこうしているわけにはいかない。「行こう」とだけ声をかけ、選手たちはポツポツとベンチを後にした。球場を後にしてバスに乗ってからも鈴木監督は選手に声をかけられなかった。長い間指導者をしてきた中でもこんな光景は見たことはなかった。今年は本気で甲子園を狙っていて、みんなが本気で行けると思えるほどのことをやっていたからこそあのような状態になったのだろう。大竹は試合を終えてからしばらくの記憶が全くなく、どうやって帰ったのかも覚えていなかったという。

大会期間中はベンチ入りメンバーで学校の下宿寮に泊まり込んで共同生活をしていた。その下宿寮に帰ってからみんなを集めた。そこで初めて鈴木監督は選手たちに話をした。まず初めに話したことは「とにかく終わったことはしょうがない。とにかく次に向かってやるしかないんだよ。やってきたことは絶対に無駄にならないから、自信を持って次に進もうという」ということだった。12人いた3年生のうち、6人は大学などで野球を続け、残りの6人は工業高校で学んだことを活かして就職することを希望していた。どちらにしても次に向けて準備を進めないといけない。現実を受け入れられない気持ちはわかるけど、自分の目標を実現させようと説いた。

その後で鈴木監督は大竹に「全部背負わせて本当に悪かった」と謝った。大竹には入学早々から主力投手の座を任せ、キャプテンの重責も背負わせた。それは大竹に対する期待の表れであったが、本人にとっては負担が大きかったなと鈴木監督は感じていた。だが、大竹はキャプテンをやって良かったと思っている。それは人として少しは良い人間になれたと思っているからだ。もちろん、大変なことも多かったが、みんなのお手本にならなきゃいけないと思ったことで行動も以前よりしっかりできるようになっていた。その成果は学業にも表れていた。入学直後の成績は５段階平均で２を少し超えるくらいだったのが、3・5まで上昇していた。これだけを見ても大竹が高校３年間で成長したことがわかる。荒れていた時期もあった自分が高校に入って野球を続けられたのは監督のおかげだと思っていたし、キャプテンに選んでくれたことには今も感謝している。そして鈴木監督も大変な思いをしながらも３年間やり切ってくれた大竹には感謝の気持ちでいっぱいだった。最後には大竹に「ありがとう」という言葉を伝えた。

より高い場所を目指して

1年生からエースとして活躍し、140キロ以上の速球を投げられるようになった大竹にはプロ野球のスカウトから注目されるようになっていた。ドラフトで指名されるかもしれないと思った大竹はプロ志望届を提出。ドラフト会議での吉報を待った。しかし、待てども大竹の名前はなかなか呼ばれない。結局、支配下での指名はなく、育成ドラフトの結果を待った。だが、ここでも大竹を指名する球団がなかなか現れない。全球団の指名が終わったが、大竹の名前は最後まで呼ばれることはなかった。

鈴木監督は大竹に辛い思いをさせて申し訳ないと思いながらも「見返してやれ」と激励した。今後の進路をどうするか悩んだが、独立リーグのトライアウトを受けることにした。独立リーグで結果を残せば1年でプロ野球に行くこともできる。そのトライアウトで高い能力を認められた大竹はドラフト会議で3球団から1位指名を受け、抽選で交渉権を得た滋賀ユナイテッドBCに入団。現在は滋賀でプロ入りを目指して日々、野球に打ち込んでいる。

独立リーグ入りしてからも苦難の連続だ。独立リーグは給料が少なく、ハングリーな環境でプレーすることを強いられる。節約のために外食はせずに自炊をする日々。野球でも苦労が絶えない。公式戦初登板が予定されていた試合は雨で中止。そしてその後からストライクが入らなくなり、給料が出ない練習生に降格という苦汁も味わった。それでも腐らずに努力を続けると、６月には再び選手登録され、待望の初先発のマウンドに上がることもできた。まだまだドラフト指名されるには課題が多いが、監督に恩返しするためにも1年でも早くプロ入りするのが今の目標だ。

スタンドに響く応援が選手たちの気持ちに火をつけた！

堅田高（滋賀）

野球を兄の影響で始めてはみたけれど

白井竜馬は3歳上の兄の影響で野球を始めた。小学2年生の時に地元の少年野球チームに入ったが、大人の事情ですぐに辞めてしまった。それからはチームに所属せず、父とのマンツーマントレーニング。父親との練習はスパルタだったが、白井は熱心に教えてくれる父のことが大好きだった。小学4年生からは兄の所属する軟式のクラブチームに交じって中学生と汗を流す日々が始まった。体格や力量の差は明白だったが、お兄ちゃんたちに必死に食らいついた。その甲斐もあってかメキメキと上達し、中学で正式に入ったクラブチームでは主力選手として活躍することができた。進路を考える時期になると地元から近い公立校から推薦が来た。しかしその学校の体験スクールに行ってみて「ここは合わないな」と辞退。別の高校を探すことにした。勉強があまり得意でなかった白井はその時点で行けそうな進学先をある程度絞っていた。その中で選択肢の一つに挙がっていたのが堅田だった。試しに一度、グラウンドに練習を見学しに行った。練習を見学してみて白井は「正直、緩いな。こんな感じなんかな？」と思ったが、地元が近いこともあり、堅田に進学することを決めた。父からは「野球やるんやったら緩すぎる」と反対された。堅田は近年、目立った実績を残しておらず、1回戦を突破できるかどうかというチームだった。そう考えれば父がそういうのもごもっともだ。それでも既に決心を固めていた白井は「自分が堅田を変えるから入らせてほしい」と父を説得。その言葉に父親も納得し、入学することになった。

実際に野球部に入部して見ると、「野球にはあまり力を入れていないな」という雰囲気を感じた。心の中でモヤモヤしたものがあったが、「とりあえずレギュラーになろう」という意識で野球に取り組んだ。すると初めての練習試合で玉置大治朗監督から「A戦で使うぞ」と言われ、いきなり7番サードで使ってもらった。そのままレギュラーに定着し、1年生の夏から5番サードで公式戦に出場することができた。レギュラーとして試合に出られる喜びはあったが、2年夏までの最高成績は2回戦敗退。初戦を突破できることはあっても上位進出とまではいかない。2年夏も1回戦で八幡工に3対5と惜しくも敗れ、先輩たちの夏は終わった。

7月に1学年上の先輩が引退して自分たちの代になった。早くからチームの主力として活躍していた白井は1年生の時から自分がキャプテンになるものだと思っていた。だから自分たちの代になってキャプテンを決めるミーティングでは自らキャプテンに立候補した。一部の部員からは口出さないが、反対する者もいた。しかし、他に立候補する部員がいなかったため、白井がキャプテンに就任することになった。

「自分が堅田を変える」と父に宣言したからには有言実行しなければならない。白井がキャプテンになってから、まずはチームの雰囲気を変えることに取り組んだ。それまでは1回戦を突破できればいいという雰囲気だったが、白井はそれが嫌だった。白井は自分たちの代で甲子園に行くのは夢ではないと信じていた。だからこそまずは雰囲気を変えようと思っていたのだ。最初は自分一人だけ張り切っているという感じがあった。しかし、付いてきてくれる選手も何人かいた。すぐに大きく変革することはできなかったが、時間が経つにつれてチームの雰囲気が少しずつ変わってきていると感じることができた。

手応えを感じ始めた指揮官の思い

そして9月に入り、いよいよ新チーム初の公式戦となる秋季大会が近づいた。組み合わせ抽選の結果、初戦の相手は近江に決まった。近江は県内随一の強豪校でこの年の夏にも甲子園に出場していた。この抽選結果に「正直、絶対勝てないよな」という雰囲気もチームはあった。でも勝負事はやってみないとわからない。白井には滅多に対戦できないチームと対戦できる嬉しさもあったし、「これで勝ったらどうなるんやろ?」という期待感もあった。簡単には勝てないことはわかっているが、白井は本気でこの試合に勝ちたいと思っていた。

チームを率いる玉置監督はこのチームに手応えを感じていた。夏の大会は1回戦で負けてしまったが、レギュラーで夏を戦った選手が6人も残っており、「この子たちならそれなりの試合ができるし、勝機もある」と密かに自信を持っていた。実際に新チームがスタートしてから夏休みの練習や練習試合を経て例年よりもスタートラインが高いという実感を持つことができていた。

実際に戦ってみると玉置監督の予想通り、強豪相手に互角の試合を繰り広げる。投手を中心によく守り、強打の近江打線を相手にしっかり抑え込んだ。試合はロースコアの接戦となり、勝つチャンスも十分にあった。しかし、あと一本が出ない。健闘もむなしく1対2で惜しくも敗れた。玉置監督は点差以上に力の差を感じていた。夏からの主力が多く残っているとはいえ、ずば抜けた実力を持つ選手はいない。現時点での力は出せた一方で相手との地力の差を痛感した。だから結果的にはあと一歩に見えても実際にはそれ以上の差があることをこの試合で改めて実感させられた。玉置監督の目には選手の中で温度差があるように感じていた。「近江を相手に結構いい試合出来たな」と思っている選手もいれば、「これは勝てる試合だ」と思っていただけに悔しさを滲ませる選手もいた。

白井はこの試合を勝てる試合だと思っていただけにこの敗戦はたまらなく悔しかった。しかし、強豪相手に満足していた選手も多く、そのことも悔しかった。だから学校に帰ってからのミーティングで「2対1という結果に関してもしかしたらみんなあと一歩やと思っているかもしれへんけど、10歩くらいあるで。あと一歩と思っているうちは絶対勝てへんからすごい差があると思って秋から冬しっかりやっていかな絶対勝てへん」と話した。実は玉置監督も白井と同じことを言おうとしていたという。白井が先に話してくれていたのを見て「しっかりしたキャプテンだな」と感心した。点差は1点だったが、その1点を取れるか取れないかの差は大きいということを白井は試合を通じて感じていた。その差を夏までに縮めないと勝てないと痛感する試合だった。だからこそ、あえてチームメイトにこの言葉を投げかけた。周囲は「こいつ何言ってんだ？」というような反応をする選手もいたが、ミーティングを続けていくうちに段々と「確かにそうだよなぁ」という雰囲気になっていた。試合を終えた後はテンションが高かったが、それも徐々に落ちていった。

白井の言葉が選手に突き刺さったのか、秋季大会後の練習や練習試合は例年以上に引き締まった雰囲気で行われた。秋季大会後というものは目標が見えづらく、だらけてしまいがちだ。しかし、白井のキャプテンシーに引っ張られるように他の選手も自然とモチベーションが上がっていた。冬場も自分たちで気持ちを盛り上げ、時には厳しく声をかけることもあった。そんな2年生の姿を見て1年生も先輩を慕うようになり、チームワークは大きく向上した。

悔しさを心に刻み冬の練習に励む

一冬を越えて逞しく成長した選手たち。春季大会の初戦は県内の強豪として知られている北大津に決まった。相手にとって不足はない。秋からの成長を見せるには格好の相手だった。しかし、ミスが重なった。勝てる試合だと玉置監督も白井も感じていたが、8対12でまたしても初戦敗退。これまでやってきたことに自信があった故にショックは大きかった。自分たちにはもう夏しかない。試合で出たミスを反省し、夏に向けて研鑽を積んだ。ミスが多発した試合だけに夏に向けて改善点は明確。だからこそ日々の練習試合も目的を持って取り組めた。こうしてチーム力は確実に上昇させることができた。

春季大会が終わった頃から玉置監督は選手の保護者が一人ずつ順番に話しかけているのを目にするようになった。どうやら白井の父が中心になって選手一人ひとりに応援歌は何がいいかを聞いていたようだ。堅田は3学年で選手が22人しかいない。そのためボールボーイを入れると試合中は全員がグラウンド入りすることになる。スタンド応援をする選手がいない代わりに保護者が中心になって応援しようと準備を進めていたのだ。白井の父は保護者会の会長を務めていたが、この年の保護者はとてもまとまりが良かった。子どもたちを熱心に応援する一方で余計な口出しなどは一切せずに節度を守って行動してくれていた。それが玉置監督にとっても非常にやりやすかったし、ありがたいと感謝の気持ちを持ち続けていた。

そんな父の姿を見て白井は素直に嬉しいと思った。最初は堅田に進むことを反対していたのでここまで応援してくれるとは思ってもいなかった。白井の父は仕事の関係で岐阜県に単身赴任している。それでも週末になれば息子の試合を見るために毎週のように帰ってきては息子とそのチームメイトを惜しみなくサポートしていた。だからこそ最後の夏は活躍して父にいいところを見せたいと誓った。

夏の大会の組み合わせが決まり、秋に接戦で敗れた近江とは勝ち進めば準々決勝で対戦することになった。ただチーム内で近江を意識することはあまりなかった。秋も春も1回戦負けで負けていたこともあり、「1戦必勝でやっていこう」と気持ちは同じところに向いていた。もちろん、優勝目指してやっていたため、勝ち上がればきっと近江も来るだろうと玉置監督は思っていたが、まずは1回戦を勝つことに意識を集中させた。

スタンドの応援で選手たちを勝たせる！

そして迎えた夏の大会。スタンドでは白井の父親を筆頭に保護者達が選手のリクエストした応援歌を歌いながら大きな声援を送っていた。さらにみんなも応援歌を歌えるように保護者同士で協力し合って特製の歌詞ボードも作成した。応援に来た野球部以外の生徒は「凄い応援をしているな」と思ったという。その一方で玉置監督や選手たちは試合に集中していたため、声援はあまり気にならなかった。なんとなく耳には入っていて、ふとスタンドを見ると「こんなにも応援してくれるんだな」と思ったくらいだった。だから学校で「凄い応援やったな!」と話しかけられても「えっ、そうなん?」と思ったくらいだった。玉置監督は白井の父に試合に集中していて応援が気になっていないことを正直に打ち明けて謝罪したが、白井の父は「いやそれでいいんや。その日ゲームに集中してくれたらいいんや。俺らは自己満足でやっているから」と言ってくれた。

応援の力もあり、1回戦は打線が爆発して10対4で勝利。白井がキャプテンになって初めての公式戦勝利だ。初めて公式戦で勝てたのは嬉しかったが、満足はしていなかった。結果だけを見れば大差だが、自分たちのミスもあり、一時は逆転を許してかなり苦しい試合だったからだ。だから試合が終わってすぐに気持ちを切り替えた。そんな選手たちの姿をみて玉置監督は「これはまだいける。面白いな」という手応えを感じていた。

玉置監督の予言通り、堅田は快進撃を見せる。2回戦は2対0で完封勝ち。3回戦は延長11回の末、6対5でサヨナラ勝ち。17年ぶりのベスト8進出を決めた。3回戦は4対1から7回表にミスで4点を奪われて逆転を許す苦しい展開。さらにセンターの倉田翔が足を攣《つ》るアクシデントで途中交代せざるを得ない状況になり、チームは窮地に立たされた。そんな時に白井は選手をベンチに集め、「ここで負けるわけにはいかへんし、もう一回返そう。ここまで3点取れていることもあるし、もう一回返せる。後攻ということもあるから絶対返せる。もう一回ここから気を引き締めて絶対返すぞ」とチームを鼓舞した。するとチームの士気が一気に上がり、8回に追いついた。白井の言葉がチーム全体に伝染していると感じた玉置監督は「絶対に勝てる」と勝利を確信。試合は延長11回までもつれたが、最後は白井がスクイズを決めてサヨナラを決めた。

3回戦の翌日に行われる準々決勝の相手は秋に惜しくも敗れた近江に決まった。白井はライバルだと思っていたチームと対戦できることが嬉しかった。近江とは秋季大会の1ヶ月後にも練習試合をしたが、その試合も終盤まで接戦を繰り広げていた。勝つことはできなかったが、3回目の対戦で名前負けやユニフォームを見て気持ちが引けることも一切ない。前日にサヨナラ勝ちした勢いもあり、雰囲気は非常に良かった。

そして挑む負けられない試合

リベンジを懸けて臨んだ一戦は息詰まる接戦となった。3回戦でリリーフで好投した九谷瑠が先発マウンドに上がると初回を無失点に抑え、これはいけるという雰囲気になった。しかし、打線が近江の投手陣を打ち崩せない。秋に苦しめられたこともあり、一切の油断がなかったのだろう。白井は近江が本気で来ていると試合をしながら感じていた。ストレートも変化球も見事に決まり、堅田打線に付け入る隙を与えなかった。九谷は4回までランナーを出しながらも無得点に抑えていたが、5回にタイムリーを打たれてついに失点。8回にも1点を追加され、2点のビハインドを背負った。守備面では健闘したが、近江が投入した2投手の継投の前に手も足も出ない。「耐える一方だな」と玉置監督は指揮を執りながら戦況を見つめていた。相手は四死球や失策で崩れてくれる気配がない。点を取るには打つしかないが、相手投手との力量差をひっくり返せるほどの地力を付けられるまでには至らなかった。8回まで打ったヒットはわずか2本で三塁すら踏ませてもらえない防戦一方の展開。それでもベンチはとても盛り上がっていて負ける雰囲気は微塵もなかった。「今回こそは近江に勝つ」と誰もが本気で勝つつもりでいた。

試合は0対2のまま9回裏の堅田の攻撃に突入。堅田は1番からの好打順。5番を打つ白井は自分に打席が回ってくると信じて準備をしていた。すると先頭の前川駿が死球で出塁、一死から3番の中川大貴がチーム3本目の安打を放ち、一死一、二塁と長打が出れば同点の場面を作った。あと一人で白井に打席が回る。続く九谷はショートゴロとなったが、懸命に一塁まで走って併殺を免れた。二死一、三塁で白井に打席が回ってきた。ここで打てば同点、逆転サヨナラのチャンスになるが、打てなければ自分たちの夏が終わってしまう。1ストライクから渾身のフルスイングを見せたが、打球は力のないセカンドゴロとなり試合終了。0対2で敗れ、白井たちの夏は終わった。

試合が終わった後、白井は頭の中が真っ白になった。高校に入る前から高校で野球は最後と決めていた。「これで野球が終わってしまうのか」という気持ちになった。試合が終わってからチームメイトには謝罪の言葉から始まった。自分が最後に打てなかったこともあったが、キャプテンになってチームメイトに強く当たることが多かった。チームを変えるために嫌われても良いと思っていたからだ。それと同時に厳しいことを言ってきたのに付いて来てくれてくれたことに対して感謝の気持ちもあった。だから最後には「こんな自分に付いてきてくれてありがとう」とみんなに感謝の気持ちを伝えた。チームメイトは「白井に付いていくしかなかった」と言ってくれた。白井の気持ちはみんなにも伝わっていたのだ。

試合が終わってから1人ずつ親を呼んで感謝の気持ちを伝える機会があった。白井は父に「僕の野球のために帰ってきてくれてありがとう」、母には「いつもご飯を作ってくれてありがとう」と感謝の言葉を述べた。その言葉を聞いた父はずっと号泣していた。白井の父は息子とそのチームメイトたちを「フィギュアにして持ち歩きたい」と話すほど大好きだったのだ。

最後のロッカーで選手に声をかけた監督

玉置監督は選手たちに「今、君たちは高校3年間の中で一番輝いている時やと思う。それは間違いない。映像越しに見ても凄くみんなの顔というのは輝いているし、いい顔しているなっていうのはわかる。それは一番好きな野球をやっているんやから当然のことなんやけど、やっぱりそれに対しておごりを持ったらあかんよ。やっぱり人生の中で一番輝いているのが今であってはならん。高校野球はチヤホヤされるけど、やっぱり40歳になった時にもっと仕事で輝いておいてほしいし、家族でかっこいい父親になって、もっと今より輝いてほしい。今は輝いているけどそれ以上のものをちゃんとこれから先の人生で頑張って手に入れて欲しいとそれと同時に、やっぱり高校野球を3年間試合出れた子も、出れなかった子も3年間続けたということに誇りを持ってくれよ。でもおごったらあかん」と伝えた。特にこの年は4試合を戦い、テレビや新聞から取材される機会が増えた。これまで1回戦負けが続いていたチームにとって慣れないことであったと同時にそれは心地よいことでもあった。それは当然、選手たちが努力して練習した結果がしっかりついてきたからだ。そういう待遇をされること自体は凄くいいことと認識している。だからこそ玉置監督は勘違いしてほしくないと思っていたのである。高校野球はこれで終わりだが、人生は長い。どんなに高校野球で輝いていたとしてもそれ以上のものを得られなければ意味がない。その意味を込めて玉置監督は選手たちに話した。野球が終わればそれぞれ進学や就職に向けて準備しなければならない。次のステップに進むためにも気持ちの切り替えを促す意味も込めてミーティングでは話をした。

玉置監督の思いを背負って白井は新たな目標に向かって歩き始めている。それは消防士になることだ。消防士を目指す理由は兄が現在、消防士として働いていていてその姿に憧れているからだ。消防士になるという目標を達成するために今は専門学校で勉強している。勉強は苦手だが、憧れの兄に近づくため、そして何より玉置監督が話したように高校野球をやっていた頃よりも輝けるように今を生きている。

白井が高校野球で学んだことは「仲間の大切さ」だった。白井の代は先輩後輩関係なく、普段の学校生活から仲が良かった。時には揉め事もあったが、解決できるという団結力もあった。自分一人ではベスト8は行けなかったと思っているし、仲間には感謝している。白井は卒業してからもできる限り同期と一緒に後輩の応援をするために球場へ向かっている。ベスト8に入れたのは試合に出ていた後輩の活躍のおかげだと思っているからだ。そしてそのスタンドには父もいる。息子が卒業してからも変わらずに応援を続けているのだ。親子一緒に後輩たちを応援したいと白井は思っている。

たくさんの思いやりを胸に刻んで戦った3年間

磐城高（福島）

震災が奪った幸せな日々

福島の海沿い…サッカーのJヴィレッジがあるところでも知られる広野町で、遠藤家の次男として生まれ育った勇志。高台にある家の二階からは海が見え、ザブーン、ザブーンと押し寄せる波を眺めているのが好きだった。

もう一つ好きだったのが、野球だ。父が高校まで野球をやっていて、3歳年上の兄も野球を始めたことから興味を持ち、小学一年生の時に地元の軟式チームに入って野球を始めた。

「小さいころからお兄ちゃんの後を追いかけていて、幼稚園でも野球の真似をして遊んでいました。小学生になって入った野球チームは人数も少なかったので、ピッチャーやったりサードをやったり。１つ上の代は県大会にも出て、自分がキャプテンになった代ではもっと上を目指したいと思っていたんですが…小五のとき、あんなことになってしまって…。それまでは本当に楽しく野球をしていました」

〝あの日〟――それは、２０１１年3月11日のことだ。

勇志は広野小学校の５年生。午後二時半すぎ、教室で帰りの会をやっているとき、突然の揺れがやってきた。それは、今までに経験したことがない、大きな大きな揺れ。一斉に机の下にもぐってあの長い揺れが去るのを待ったが、あまりの揺れに教室では悲鳴をあげている児童もいた。

その後、校庭に避難。「〝津波〟が来る」ということで近くの総合グラウンドに移動し、そこで待機。ほどなくして、母が迎えに来て帰宅した。その途中、父も、兄も、祖父母も無事だと聞き、勇志は少し安心した。

ものがグチャグチャに散乱している家…足場に気を付けて2階に上がり…勇志が窓

の外を見たとき、目にしたのが〝黒い物体〟だった。いつも穏やかな海から波があふれ出している。こっちに向かって、黒い水がうわ～っと流れ出している。

「そんなもの見たこともないし、なんだかわからなかったんですが、それが〝津波〟だったんです」

遠藤家まで大波は来ず、床下が浸水したぐらいで済んだ。だが、眼下の家が波に飲みこまれていくのは、勇志少年にとって衝撃の光景だった。

そんな中、家から近いところにある「福島原発が爆発しそうだ」という情報が流れてきた。原発から20～30キロほどのところにある広野町も危険ということで、翌日、遠藤一家は広野町から南方にあるいわき市湯本の親戚宅に避難。でも、そこも「危険」ということで、茨城県古河市の親戚宅に移動。そこで2週間ほど生活をさせてもらった。

「部屋を一つ空けてくださって両親と兄とそこにいさせてもらって、古河のおじさんたちにはすごくお世話になりました。友達もいないし、やることもなくて毎日悶々としていましたが、近くの公園で親戚のおじさんとお父さんとお兄ちゃんとキャッチボールをしました。野球がしたかったので、ありがたかったです。」

だが、いつまでもお世話になるのも悪いということで、3月末、埼玉県三郷市にある広野町の避難所に移動。しばらくそこで生活していたが、「福島に戻ろう」と、四月半ば、遠藤家はいわき市にアパートを借り再び引っ越しをした。

小学6年生になっていた勇志は、アパート近くの鹿島小学校に転校。やっと学校生活が送れるようになった。

「でも……そこでの生活が辛すぎた」と勇志は振り返る。

勇志は新たしい環境に馴染むことができなかった。いじめられた訳でもないが、眠れない日々が続き、毎日が憂鬱だった。

同じ学校の友達が野球チームには誘ってくれたが、どうしても足を踏み入れることができなかった。学校でも新しい友達に気を使って、気を使われ…さらに野球チームに入れば、またそこで気を使い、気を使われるということが勇志にはわかっていた。だから、野球は好きだったが、チームに入ることはできなかったのだ。

親にもそんな話は少しだけしたけれど、親が大変なのもわかっていたし、自分たちのためにいろいろしてくれていることがわかっていたから、それ以上、弱音を吐くことはできなかった。11歳の少年にとって、ここでの4カ月の生活は辛すぎるものだった。

ふさぎ込んだ日々に差した光――野球

そんな勇志に朗報が届いた。「2学期から、中央台南小学校の一部を間借りして、広野小学校が再開する」と聞いたのだ。やはり、小さいころから一緒だった仲間と再び過ごせるのは勇志にとってこの上なくうれしいことであり、飛び上がるほど喜んだ

そして2学期になると、鹿島から中央台までバスで通学。通うのは大変だったけれど、それまでの精神的な辛さはなくなったという。

でも、さすがに間借りしている小学校で野球をすることはできず、小学六年生の一年間、勇志は野球チームに入ることはできないまま卒業することになった。

勇志が野球を再開できたのは磐崎中に入学してから。鹿島からより良い生活場所を求め、遠藤家は勇志が小学六年の秋に湯本のアパートに引っ越しをした。そこから近い磐崎中に通うことになったのだが、そこは野球がなかなか強い学校。一年間野球ができず、野球に餓えていた勇志にとってやりがいのある野球部であり、心が踊った。

さっそく野球に没頭した勇志は、小柄ながらチームの中心選手に。自分の代になるとキャプテンになり、二年秋にはいわき市大会で準優勝、県大会にも出場した。水を

得た魚のように生き生きと野球に打ち込んでいた勇志は、2番・セカンドとして、毎試合のように攻守にチームに貢献するプレーをみせた。

野球だけではない、勉強も頑張った。学校では常に10番以内。三年時には生徒会長も務めた。そして卒業後の進路を、県内トップクラスの進学校である〝磐城高校〟に決めた。

「野球を本格的にやる…と考えれば強豪私立も頭にあったのですが、高校卒業後の進路まで考えて、なるべく学力の高い高校にいきたいなって思ったんです。磐高は過去に甲子園で準優勝したことがあることも知っていたし、最近は甲子園に行けていないけど、いつもいい戦いをしています。中三秋のときに大会を見に行ったら選手たちの動きもとてもよくて『絶対ここで野球をやりたい』『甲子園にだって頑張ればいける』『やってやれないことはない』『強いといわれる高校を倒して甲子園に行く!』って思ったんです」

とはいえ、磐城は県内有数の進学校であり、受験はかなりの難関。毎日何時間もの勉強をしてきた勇志だが、一期選抜では…不合格だった。

だが、そこからもう一回勉強し、二期で見事合格。憧れの磐城に入学することができた。

さっそく野球部に入部した勇志、そこで出会ったのが、木村保監督だ。磐城野球部OBでもあり、過去に須賀川高校を率いて福島県大会決勝まで導いたこともある県内屈指の指導者。木村は、勇志が入学したその年の四月に母校・磐城に赴任してきた。

実は、木村は勇志のことを中３のときから知っていた。

「大会で磐崎中の試合をみたとき、とても目をひいたんです。小柄ながらガッツがあって、体全体でプレーしている。仲間にかける声もいい。こんな選手と野球ができたら、いいチームが作れるだろうなと。その後、私が磐城に赴任することになり、彼も磐城に合格してきた。一緒にやれるとわかったときは、とても楽しみだと思いましたね」

そんな勇志は、高校入学前、家族で広野町の自宅に戻った。〝避難準備区域〟である広野町。いわき市に住んでいた方が便もよく、高校にも通いやすかったが、家の事情もある。毎日、１～２時間に１本程度しかない常磐線に乗っての通学が始まった。

「体も小さいし、体力もないし、とにかく練習しなくちゃうまくならない」と思った勇志は、朝練をするため朝5時には起き、始発の朝5時40分の登り電車に乗った。母に朝食と弁当の用意をしてもらい、学校に着くともくもくと練習を重ねた。先輩や同級生、後輩とやるときもあれば、誰もいなくても一人で黙々と——。

授業が終わり、全体練習をした後も、21時20分の終電に間に合う時間まで自主練をする毎日。22時過ぎに自宅について、夕飯。勉強もしなければならなかったが、毎日ヘトヘトになった。だが、勇志は「野球ができなかったあの震災後一年間のこと、とくに、辛すぎた一学期の数か月のことを思ったら、全然でした」と振り返る。

震災後のいろんな思いが、勇志にパワーを発揮させていた。

キャプテンに就任して目指す甲子園！

そんな勇志は、高校1年秋こそスコアラーとしてのベンチ入りだったが、ひと冬越した2年春の大会から選手としてベンチ入りを果たした。

木村監督はこう話す。

「毎年12月に〝ウインターリーグ〟と名付けたチーム内の紅白戦を何試合もするんです。打率、打点などすべて数字も出すのですが、勇志は一年生ながら首位打者をとってMVPまで取りました。早朝から練習していたのはわかっていましたが、あのはいつくばってでも練習し、試合になればあの小さな体で闘志むき出しで戦いに挑んでいくガッツはすごいです。野球の力的にも、取り組む姿勢もチームに必要と感じたので、下級生ですがベンチに入れました」

大会では一塁コーチャーを務め、出番はなかったが、チームは県大会準決勝で、あの聖光学院をも撃破し東北大会に出場。勇志にとって大きな経験になった。

２年夏、準々決勝で日大東北に敗れ、先輩たちが引退。「先輩たちから〝魂〟を引き継いだ」勇志は、仲間からの選出でキャプテンになった。

勇志は最初「自分では周りから支える立場の方がいいな」と思っていたそうだが、なったからには「やるしかない！」と腹が据わったという。「とにかく甲子園に出たかったので、チームを強くするために自分が引っ張っていこう、勝つために必要なことだったら、たとえ厳しいことであっても仲間や後輩に言って徹底していこうって思いました」と。そんな勇志をみた木村監督は「やるぞ、という覚悟を決めた後のあいつは、今まで以上に目をギラギラさせていましたね」と振り返る。

一つ上の代でベンチ入りしていた勇志が勝つために必要だとひしひしと感じていた

のが、〝チーム力〟。

「一つ上の代は一人一人の力が本当に高かったんです。でも、自分がこんなことを言うのはなんですが、〝チーム力〟や〝勝ちに対する執念〟がもう一つ足りないと感じていました。自分たちの代は、人数も11人と少ないし、個々の力も明らかに低い。（中学時代に投手経験のある）ピッチャーもいなくて、下級生投手を軸に戦っていくしかない。だからこそ、先輩たちより練習をしなければいけないし、そこに〝チーム力〟をつけていかなければと思いました」

これを念頭に、日々、選手ミーティングを大事にしていたという。

木村監督もこういう。「下級生のころから先輩にも言うべきことは言える選手でしたが、〝覚悟〟を決めてからは、発する言葉のレベルがさらに上がった気がしましたね。率先して行動して、さらに仲間にも言う。あいつがキャプテンになってチーム内に厳しさや緊張感が出て変わりました」

一学年下でサードを守っていた折内健太郎（現キャプテン）もこう話す。

「勇志さんは一番自主練をやっていましたが、でも、『一番大事なのは全体練習だから』と言っていました。とにかくチームプレーやチームのまとまりを大事にしていました」

そんなキャプテンを中心となって、木村監督が掲げる〝ＰｌａｙＨＡＲＤ〟〝全力疾走〟〝全力プレー〟を実戦し、チームの意識も力もついていったが…

秋の県大会2回戦で強敵・学法石川と当たった。9月22日、雨の中、会津の鶴沼球場で行われた試合は、学法石川の尾形崇斗（現ソフトバンク育成）と、磐城の1年生・小山泰生の投手戦。小山が県屈指の怪腕・尾形に負けない好投をみせ0対0で試合は進んだが、終盤に失点。3対0で敗れた。

その時点で、翌春のセンバツへの道が断たれ、勇志ら選手たちは、大雨の中、その雨より激しいどしゃぶりの涙を流した。

「下級生ピッチャーが頑張ってくれたのに、援護できないふがいなさでいっぱいでした。自分たちが打てない、というのはわかっていたんです。それがあからさまに出てしまった。まずはもっと打てるようになること、それを含め、すべてにレベルアップさせなければ翌春や翌夏、聖光学院や日大東北、学法石川には勝てないって思いました」（勇志）

会津からいわきに帰り、日をおいてミーティングの時間を持った。長いオフシーズンをどう過ごし、春をどう迎えるかを勇志主将を中心に徹底的に話した。

「監督からは『やってきたことが間違っているわけではない。でも、もっと勝つために必要なことを徹底してやっていかないとな』ということは言われました。僕自身もそれはわかっていたのですが、まだまだチームに徹底できていない自分、勝てるチームに持っていけなかった自分が悔しくて…春と夏、絶対勝てるチームにしようと強く思いました」

そんな中、チームの意識を一段階も二段階もあげる出来事があった。

野球部創部110周年を記念し、11月20日、東京の早実を招待し、いわきグリーンスタジアムで親善試合を行った。その代のキャプテンは、あの、清宮幸太郎。試合前日に磐城高校の合宿所に早実ナインと一緒に泊まり、一緒に夕飯を食べ、その秋、東京を制し、明治神宮大会に出場した早実の素顔に触れた。

意識を上げたのはその翌日の試合後のこと。早実の和泉監督が磐城高校ナインに向けて〝ミーティング〟をしてくれ、そこで磐城ナインに投げかけた言葉の数々だ。

「キミたちは〝甲子園を目指す〟のではなく、〝日本一を目標〟にしていいチームなんだ」と言い切った和泉監督は、さらにこう続けた。「先輩が甲子園で準優勝をしている。そういう先輩方が築いてきた歴史あるチームなんだから」「先輩たちが甲子園で決勝まででいったんだから、目指すところはその上の日本一しかないじゃないか！」「(県で夏連覇を続けている) 聖光学院は、日本一を目標にしているだろう？　それより低い目標を立てているチームがそこに勝てるか？」「力がない？　そんなこと言ってないで、『やれ！』『動け！』」と。

それを聞き、勇志を筆頭に、選手たちの目の色が変わった。自信を少しなくしかけていた磐城ナインだが、和泉監督の話が心に響き、「日本一になるぞ！」とギラギラとした目に変わっていったのだ。

「あの日から、すべてのことを『日本一になるためには…』という前提で物事を考えるようになりました。練習も自分たちでやって満足するのではなく、勝ちたい相手よりも一段階も二段階も上の練習を、高い意識を持ってやるとか。それを、ことあるごとに全員で確認し合うようにもなりました」(勇志)

「キャプテンを男に」の気持ちで戦おう

和泉監督の言葉に衝撃を受けて以来、より自分たちに厳しいオフを過ごしたはずだったが、〝結果〟はそう簡単に出るものではない。

3年の春季大会、いわき地区予選で東日本国際大昌平高校に敗れ、敗者復活戦から県大会出場。県大会では、初戦で須賀川桐陽に勝ったものの、2回戦で再び東日本国際大昌平に当たって5対0で負けた。前年秋のいわき地区大会でも東日本国際大昌平に負けており、この代、同じチームに三度も敗戦したことになる。毎回、昌平の新田悠介投手を打てず負けてしまうのだ。

2年連続での春季東北大会出場が消え、泣きじゃくる勇志。それを見て、木村監督はこう思ったという。「あいつを男にしてやらなきゃっ」と。「監督である自分が『キャプテンを男に…』って変な話ですが、そう思わされるぐらいの選手なんです」と話す。

だが、苦難は続く。春季大会後、いわき地区の高校だけで行われる大会でも2回戦で左投手を打てず湯本高校に敗戦したのだ。

勇志は「夏の大会前、最後の大会だったので、そこで優勝して勢いをつけようとしっかり準備をして臨んだつもりだったのですが、それは自分たちの勝手な思い込みだったのかしもれない…今までやってきたことは何だったんだろう。間違いだったのかなって、すごく落ち込みました。いわき地区でも勝てなかったら夏の県大会で勝てないよ…そう思ったら、どうしたらいいかわからなくなって涙が止まりませんでした」

涙する選手たちに木村監督はまたもこう伝えた。「お前らがやってることが間違いなわけじゃないんだ。ここで落ち込んでいてもしょうがない。夏までできることを一つ一つやっていくしかない」と。

勇志には身に染みた。「そうだ。やるしかない」と。他の選手たちも「もう一回！」と気持ちを入れ直した。

木村監督は、〝野球だけ〟の指導は一切しない。どちらかと言えば〝心の指導〟の方が多い。「練習だけしていれば力がつくわけではない。私生活が大事。全部つながっている」と言い、学校の授業をしっかり受けるとか、部室を整理整頓するとか、ゴミが落ちていたら拾うとか、人に思いやりを持って接するとか…日頃からそんな教えにょって生活を送ってきた磐城ナインだが、その敗戦を機に、より私生活をしっかり、また心を磨くようになっていった。

3年夏。

福島県大会の抽選会、キャプテン勇志が引いた初戦の相手は…なんと、その代、三戦三敗の東日本国際大昌平だった。大場敬介部長には「やったな！」と言われ、勇志自身も「絶対倒したい相手だったので、『よっしゃ！』という気持ちになりました」と。仲間にも「お前やったなぁ」と言われたと笑う。そして木村監督には「そういう運命。神様がお前らはあのチームを倒してこそなんだと言われてるんだな」と言われたという。倒しがいのある相手に決まり、チームのギアが1つ上がった感じになったのが嬉しかった」と勇志は話す。

7月10日、夏の大会初戦はいわきグリーンスタジアム。磐城対東日本国際大昌平という地元勢同士の注目カードということで、スタンドは平日ながら多くの野球ファンであふれていた。

ギアがあがって大会に臨んだ磐城は初回、1番打者の松本亘が二塁打を放ち、死球と敵失もあって1点先制。そのまま1対0で終盤まで進み、八回表、再び松本亘の犠飛で2点目。投げては松本健吾〜佐々木祐人〜大久保雅史〜小山泰生と4人を継投。打ち取った打球もすべて野手が守って相手打線を零封したのだ。

打てないながらにも少ないチャンスを生かして点を取り、下級生エースの小山がケガで万全ではない中、4人の投手をつなぎ、バックも守って守り抜いてゼロに抑えていくあたり、〝磐高（いわこう）野球〟の本領発揮。〝四度目の正直〟で勝ちを収めた瞬間、選手たちは大喜び。スタンドも、大きく大きく沸いた。

そんな中、一人冷静だったのが勇志だった。

「昌平に勝てたことはもちろんうれしかったです。でも、ここで調子に乗ってはいけない、浮足立ったら絶対に次の試合でやられてしまう。引き締め直さないとって思ってました。僕らは日本一への最初の一歩を踏み出したにすぎないから。まだまだスタートしたばかりだったからです」

勇志は、試合前から『昌平に勝ったらみんな浮かれる』ことを想定し、そんな仲間にどう声をかけ、どう引き締めるかまで考えていたという。さすがは、木村監督に入学前から「あの選手と野球をやれたら強いチームが作れそうだ」と思わせた選手。「周りがしっかり見えている」とほれ込ませるだけの選手だ。

キャプテン勇志の「浮かれてる場合じゃないぞ」「まだ始まったばかりだぞ」という声で我に返った磐城高校は、五日後の二回戦、これまた強敵の田村高校に苦戦しながらも、２年生投手、大久保～小山の好投リレーもあり４対２で勝利を収めることができた。だが、三回戦の郡山商戦で再び選手たちの心が乱れる。

「相手校の近くの開成山球場で行われる試合ということで、学校からの大勢の応援が駆け付けてくれていたのですが、みんなすごく浮足立ってしまって…。試合前に『そんなんじゃ初回にやられるぞ』『しっかり地に足つけていこう』と言ったのですが、やっぱりやられてしまいました」（勇志）

初回にミスもあって1点取られると、3回、5回と加点され0対4。相手投手の出来からしても「これを取り返すのは難しそうだ…」とベンチのムードは落ち込んだ。

5回終了後のグラウンド整備のとき、木村監督がカツを入れようと思ったとき、キャプテン勇志が動いた。全員を集め…次の瞬間、激しいゲキが飛んだのだ。

「何しにここまできたと思ってるんだ！」「ここで死ぬわけにはいかねえんだ!!」「生きて帰るぞ！」「日本一になるんだ！」

それはすごい勢いだった。木村監督がよく、試合を戦（いくさ）に例えて『死ぬ気でいくぞ』という話を選手にしているが、強い言葉で仲間の心に突き刺した。

さらに、「勝つためにやれることは全部やってきた！　絶対逆転できるから！　絶対に最後まであきらめずにいくぞ！」と仲間を鼓舞。

すると、磐城は直後の六回表、山田晃大の走者一掃三塁打などで一気に4点取って追いついたのだ。

そして8回表、仲間が作った二死一、二塁のチャンスに、2番キャプテンの勇志に回る。「無我夢中だった」という勇志は、詰まりながらも気迫でセンターに運ぶ。この〝死ぬ気〟で打ったヒットが逆転打となり。勝利をつかんだのだ。

「流れからいって、ほとんどの人が磐高が負けだと思ったでしょうね。でも、やっぱり、〝気持ち〟。今までやってきたことが自信となって勝てた試合だったと思うし、間違っていなかったってことを証明するかのような試合だったと思います」と勇志。

木村監督は、「遠藤の魂が強く現れた試合だった」と語る。

磐城は、これでベスト8入りを決めた。

選手たちと交わした「ありがとう」

そして19日、白河グリーンスタジアム。対福島商。勝てばベスト4進出となり、メインのあづま球場で試合ができる。全校応援にもなる。とにかく勝ちたい。何が何でも絶対勝つ。そんな強い気持ちで臨んだのだが……。

初回に2失点。下級生エースの小山が本調子でないことに加え、バックのミスも出てしまった。それでも3回に2点取って同点に追いついたが、直後の3回裏に勝ち越しホームランを許し…5回にも同じ選手にホームランを浴びるなどして2点献上。

「小山は疲れがある中、本当によく投げてくれていたけど、相手の関根という選手にホームランを2本打たれました。打つ方では、いい当たりは出るのですが、極端なポジショニングをしてくる相手の作戦に完全にはまってました。ヒット性の当たりをいくつも取られてしまって…」（勇志）

3点を追う最終回、1点取り返し、なおも無死二塁のチャンスに、9番、1番打者が凡退。そして2番・勇志が打席に入ると、ベンチもスタンドも大きな期待を寄せた。

だが、奇跡は起こせなかった。

勇志は最後のバッターになった。


一塁まで走ったところで試合終了のサイレンを聞いた勇志は、ひざまずき、立ち上がることができなかった。一塁コーチャーと一塁塁審に抱えられ、整列の方向に向かったが、涙が止まらない。応援スタンドには何とか挨拶にいったが、そこからベンチに戻るときは泣き崩れ、仲間に支えられないと歩けない…。いつも冷静だった勇志だが、その時だけはどうにもならなかった。

「あと3つ勝って、何が何でも甲子園にいきたかった…」

ベンチ裏で大泣きしているとき、監督が勇志に声をかけた。

「よくやったよ。ほんとによくやった。このチームはお前のチームだった。お前の魂がこもったチームだ。ありがとな」勇志はただただ泣き続けていた。


取材などが終わり、球場の外で最後のミーティング。目を真っ赤にし、涙を流しながら木村監督が静かに話し始める。

「勝負だから、勝ち負けはつく。今日、お前たちは負けてしまったけれど、下を向くことはない。ひるむこともない。お前らが自分たちで決めた目標を目指して努力してやってきたことは絶対に間違っていない。この先の人生にも絶対生きる。一生の財産になる」「ここでこのチームは終わってしまったけど、お前たちの魂は生きている。やってきたことは、魂は…次の代へとつながっていくから」

この言葉に、選手たちは声をあげて泣いた。勇志の涙も止まらなかった。

監督と選手たちが「ありがとう」と言い握手を交わした後、選手たちは応援し続けた保護者にお礼の挨拶に向かった。勇志は、お父さん、お母さんから泣きながら「お疲れさま」と声をかけられたという。

ひと呼吸おいた後、勇志は、試合でミスをし敗戦の責任を感じ泣きじゃくる後輩の折内に声をかけた。「お前のせいじゃない」「お前らが次の代で勝って甲子園にいってくれ。お前に託したぞ」と。折内は、ずっと早朝から一緒に朝練をやってきた選手。「魂を引き継いでほしくてそう伝えた」と勇志はいう。

そんな折内は、新チームがスタートしたとき、自ら手をあげてキャプテンになった。「勇志さんから『お前に託した』と言われましたし、新チームは僕が引っ張っていかないといけないと思って」と折内。100回目の夏に挑む磐城にとって申し分のない〝覚悟〟が座ったキャプテンだ。

こうして…勇志の高校野球が終わった。

あれから1年、勇志が自身の高校野球を振り返る。

「県立だと環境がそこまでいいわけでもなく、選手数も、質も、層の厚さも違うから、そんな中で勝ち進むことの大変さは痛感しましたが、そんな中、最後まであきらめずにやり切れたなとは思っています。目標を達成できなくて悔しいけれど、ここにきて、何より、保先生（監督）に出会えたこと、また先輩、同級生、後輩、またOBの方など多くの出会いがあって、その一つ一つが僕にとってすごく大きなものになりました。

ここで野球ができて本当に良かったと思います。こんなことを言うのはへんかもしれませんが、あの震災があったからこそ、この磐高で野球ができたのかもしれないって考えることもあります。あのまま広野で暮らしていたら、磐高に入ろうって思えたかなって…。震災によって辛いことはいっぱいあったけど、父にも『震災があって、良い人にたくさん巡り合えたのかもしれないな』って言われましたが、僕もそう思うんです。あれがあって今がある……。僕にとっては運命かなって思います」

そして勇志は引退後、考えて考えた末、進路を決めた。

「2年数か月、全力でやってきましたが、達成できなくて本当に悔しかったのですが、いろいろ考えているうちに、僕にはもう一つ上のステージがあるじゃないか、って思ったんです。大学野球です。高校で達成できなかった目標は、大学で達成しようって。厳しい環境であってもそこで勝負をして、自分がどれだけレベルアップできるかを試してみたい。だから日本一を目指せる大学で勝負したい。体も小さいし、すごい選手がいっぱい集まる大学にいっても無理なんじゃないかとも思ったけど、保先生にも『お前は続けた方がいい』と言っていただき、気持ちが固まりました」

そして勇志は、今、野球部の先輩もいる法政大学にいる。

東日本大震災を経験し、住まいを転々とし、野球ができない、友達にも会えない辛い期間もあった。「あの時期のことは、正直思い出すのも苦しい」と勇志は言う。でも、その辛さを強さに換え、自ら歩く道も好転させ、進むべき道を着々と歩く勇志は本当にたくましい。

そんな勇志に、〝大学日本一〟の先の目標を聞くと…

「まだはっきりと何っていうのはわからないんですが、卒業後はしっかり働いて、社会人として自分に力をつけて、将来的には、地元の広野町を活性化させられるようなことをしたいなって思ってます。いいところなのに、震災によって、多くの人が出ていってしまって、戻れる状態だけど戻ってこない人も多い。すごく寂しい街になってしまって…またみんなが住みたいって思えるような何かをしたいんです」

高校時代、何度取材を受けても、自らが被災地出身で、避難生活を送っていたということを、一度も、誰にも話さなかった。逆に、そこに彼の強い意志を感じる。「将来は地元・広野町のために…」と心に誓う勇志は、高い目標に向かって、今日もしっかり大地を踏みしめている。

投げれない夏を経験したから、全力で投げられる今がある

聖光学院高（福島）

憧れの高校に入学するも……

中学3年のとき、甲子園でみた聖光学院の試合に胸を打たれ、「あんな熱いチームで野球がやりたい！」「聖光で野球がしたい！」と思い続けていた京己。三重県尾鷲市に住む湯浅家にとって、福島県は簡単に行ける距離ではなかったが、両親は一人っ子の京己に「わかったよ。行きたいならいいよ」と快く送り出してくれた。

入学早々、早速、Bチームに入って活躍する同級生もいたが、京己は育成チームから。それでも京己はひるまず「こっから這い上るぞ！」「試合に出て甲子園に行くぞ！」と強く心に思ったという。

だが、入学して1カ月ぐらいたった5月ごろ、京己の体に異変が起きた。腰に違和感を感じるようになったのだ。病院にいくと「軽い腰椎分離症」という診断。みんなと同じ練習はできずストレッチばかりしていた。

七月には痛みも引き、「もう大丈夫かな」と思ったら、今度は腰に違う痛みを感じるようになってきた。再び病院に行くと、今度は「腰の成長痛（腰椎間板症）」という診断。

「〝成長痛〟というと、膝痛が一般的ですが、まれに、腰にも痛みが出るようで…。骨がまだ伸びているから他の部分が追いついていかなくて痛みが出るのか…とにかく痛くて。歩くだけで痛いので練習どころか日常生活でさえ苦しかった。授業で椅子に座っているのも辛くてクッションを敷いてました」（京己）

この痛みは、骨が成長し続けている限りは痛みは治まらないというもので、夏が過ぎ、秋を過ぎても、冬を過ぎても、ずっと続いた。

練習に来ると、ノックのボール渡しなどの補助をしたり、やることがなければグラウンドの外周を歩いたり、ストレッチをしたり…。

その間、チームは夏の甲子園に九年連続出場を果たした。新チームとなった秋には同級生の何人かは一年生ながらAチームの試合に出て活躍し始めた。一方、試合に出るどころか、練習もできない京己は下を向くばかり。「すごく辛かった」という。

「あの頃は、マイナスのことしか考えられなかったです。『もう無理だ』『もう嫌だ』『何しに福島まできたんだ。三重に帰りたい』と。毎日泣いて、毎日、親に電話をして…涙が出ない日なんてありませんでした。『もう無理…（三重に）帰っていい？』って親にいうと、『本当に無理なんだったらいいけど…でも、絶対治るから頑張れ』って言われて…その日は踏みとどまる。でもまた翌日になって練習ができず寮に戻ると、悔しくて、不安で、また『三重に帰りたい』って思うんです。そしてまた親に電話…その繰り返しでした」

母は、そんな息子を思い、毎朝メールを送っていた。天気の話題、世間話、何気ないメールだったが、朝、母から送られてくる一本のメールによって、苦しいながらも、なんとか一日をスタートできることができていた。

もう一つ、瀬上寮（第二寮）に住みこんでいた若い岩永圭司コーチが、連日のように京己の話を聞いてくれたのも救いだった。「苦しい顔は、絶対、人に見せたくなかった」と言い、いつも部屋で一人泣いていた京己だが、岩永コーチにだけは「帰りたい」「やめたい」と弱音も吐露できた。また、同部屋の仁平勇汰を含め岩永コーチといろんな話をすることも気を紛らわすことになった。

聖光学院ではふだんはAチーム、Bチーム、育成チームという学年を超えた3つのチーム編成で練習や試合をしているが、毎年、秋の大会がすべて終わると、〝学年別〟という、学年だけの練習や試合に切り替わる。その年の〝学年別〟が始まったころ、京己は、チームの部長でもある横山博英コーチに呼ばれ、「マネージャーをやってみないか」と勧められた。

それまでも雑用をこなしていたが、「肩書きを与えた方が、本人が居場所ができていいんじゃないか」というコーチの配慮からの打診だったが、京己は当初「絶対にいやだ」と思ったという。それは、「マネージャーになったら、もう選手に戻れないんじゃないか…」と思ったからだ。

でも、「考えさせてください」と伝えていろいろ考えた末、「今は何もできない…何もやることもない…そんな今の自分がやれることといったら…チームのために動くこと。それで役に立てるなら治るまでならやろうかな…」と気持ちが変化していった。

数日後、横山コーチに、「治ったら選手復帰させてもらえますか?」と聞きに行くと、「いいぞ」との返答。「それでしたら、やらせてください」。そんな流れで、京己は聖光学院のマネージャーになった。

マネージャーがやることは、果てしなくいっぱいあった。毎日の練習ではノック時にノッカーにボールを渡したり、マシンにボールを入れるなどの補助。選手たちが練習の合間に食べるご飯を研いで炊くこともやっていたが、一学年30合で、全部で40合。ご飯が炊けたら配膳し片付けまで。あとは、部室や道具室、グランド周りの清掃。遠征に行くときは、野球道具に加えて、メンバー表やスコアブック、救急箱など持っていく荷物すべての確認など。そして、試合が始まればベンチに入ってスコアを書く。とにかくやることは山のようにあったが、「やるならきっちりやりたい」という京己は、一つ一つを完ぺきにこなしていった。

横山コーチも、

「今までは遠征に行くとき、何かしら忘れ物が出るけれど、湯浅にマネージャーをやらせていたときは、それがなかった。他のこともちゃんとこなすし、気が利くし、指導者からいえば、ほんとこっちがやりやすいように動いてくれる最高のマネージャーだった」と話していた。

そんな京己に対し、仲間は「いつもありがとう」と声をかけてくれた。その言葉はうれしいが、野球ができない京己は「お前らは動けていいよな…」と卑屈に思ってしまうこともあった。でもその後、「仲間を羨ましがってもしょうがないよな。自分ができないんだから仕方ない…今はしょうがない」と自分に言い聞かせ、また必死で前を向いたという。

マネージャーとしてチームをバックアップ

冬がきたころには、不安に思いながらも、復帰した後のことを考え出していた。伊勢島ボーイズ時代、主に内野手だった京己だが、どうしてもピッチャーをやってみたかった。

「小さいころから『ピッチャーをやりたい』という気持ちが心にずっとあったので、腰が治ったらピッチャーをやろうって。二年春に復帰できたら三年夏まで一年三カ月ぐらい。二年夏に復帰なら一年しかない。時間もないし、ピッチャーとして勝負した方がチャンスはある。きっと後悔もしない。なるべく早く復帰して、140キロ出したい。いいイメージをして切れそうな気持ちをなんとかつないでいました」(京己)

春になると、下級生が入学してきた。また力のありそうな選手がたくさん入ってきて、複雑な心境にもなった。そんな中、少し腰の痛みが引いてきて、少しずつだが動けるようになった。それまでは、『本当に痛くなくなる日がくるのかな』としか思えなかったけど、軽く走れるようになり、六月ごろには軽くキャッチボールができるようにもなって、「やっと希望が見えました」。

7月、チームは福島県大会を勝ち抜き、夏・十年連続甲子園出場を決めた。京己もそれはうれしかったが、ただ喜んでばかりはいられない。自分の高校野球は、あと1年しかないからだ。メンバーが甲子園に旅立った後、Bチームと育成チームは福島に残って秋に向けての練習をしていたが、八月に入ると、京己はついに紅白戦で投げ始めることができたのだ。

「痛みはまだあったから7割ぐらいの力で。それでも120キロぐらいの球速かな。ずっと投げていなかったので、へんな感覚がありました」

8月下旬、新チーム発足。ついに、京己の代がきた。京己としてみれば、多少の痛みはあっても動けるので選手に専念したかったが、この学年にマネージャーがいなかったことから、斎藤智也監督から「秋の大会が終わるまではマネージャー業もやってくれ」と言われ、両方やることになった。むろん、完治ではなく、みんなと同じメニューはこなせないため、今まで通り雑務をやり、空いた時間にストレッチやシャドー、外周を走ったり。誰もいない室内で一人でネットスローもした。

そして、マネージャーとして臨んだ秋の福島県大会で優勝。東北大会ではバッティングピッチャーもできた。そして、秋の公式戦が終わってすぐの練習試合で登板。135キロを出した。初めて、「このままいけば、いける!」と思ったという。

冬場は厳しい寒さもあり、再び痛みも襲ってきたが、3月のオープン戦で結果を出し、ついに春の県大会でメンバー入りを果たした。その代の聖光学院には4人の盤石なピッチャーがおり、彼らに次ぐ5人目の投手として名前が呼ばれたのだ。

「ほんとにうれしかったです。初めてもらった背番号ですから。何度も『やめたい』ってずっと思ってきたけど、やめなくて良かったたって思いました」

早速、母に電話をすると、母は泣いていた。京己が常に支えてくれたことに対し、「ありがとう」と伝えると、母も「よく我慢したね。良かったね」とまた泣いた。

公式戦の初登板はいきなりの決勝戦

そんな京己が初めて公式戦に登板したのは、春の福島県大会決勝戦だ。準決勝で勝てば東北大会が決まるため、決勝戦では〝冒険〟ができる。その後に行われる東北大会や、夏の選手権大会に向けて、新たな戦力を試せる場になる。ということで、斎藤監督から「決勝。お前でいくよ」と告げられたのだ。
仲間たちの奮起もあり、無事に決勝進出。京己初登板の相手はいわき光洋高校に決まった。試合前、あまりに緊張したのか鼻血を出してしまった京己に、仲間は「緊張してんなよ」と笑って声をかけた。

母も三重からはるばる応援にきてスタンドで見守る中、京己は初めてマウンドへ。ブルペンではスライダーも曲がっていたが、マウンドでは思うように曲がらない。でも、まっすぐは良かった。相手の強打者・園部圭太に3ランホームランは打たれたが、3イニングを投げ3失点は最初にしてはまずまずの出来。試合は18対3で勝ち、聖光学院は春の福島を制した。

京己自身、いい出来ではあったが、その後の東北大会ではベンチを外れた。京己の代わりに5人目の投手としてベンチに入ったのは、ずっと一緒に練習をしてきた黒金優士だった。だから…「悔しいのもあったけど、優士が入ったことはすごく嬉しくて。優士もずっとケガをしていて、手術もして、辛いことを一緒に乗り越えてきた仲間なんで。『優士、がんばれよ！』『夏は二人でベンチに入れるように頑張ろう』そういっ

て送り出しました」(京己)

1カ月後、いよいよ夏の選手権大会のメンバー発表が近づいた。高校三年夏の選手権大会でメンバー入りして活躍することをずっと描いてやってきただけに、何が何でもベンチ入りしたかった。

20人のメンバー発表の日……。

「湯浅京己」の名前は……呼ばれた。

「投手は4人で十分。野手を入れようか…」という話にもなっていたそうだが、京己は、メンバーが決まる直前の練習試合や紅白戦で結果を出した。

「マネージャーをしているとき、いつも指導者の脇でスコアをつけ、コーチが試合中に選手たちに言っていることは全部自分のこととして聞いて頭に入れていました。ピッチャーをやろうと決めていたので、ピッチャーが言われていることは全部聞いて、復帰したときには絶対言われないようにしようと。けん制を入れるタイミングなどはそこでつかみました。ピッチャーをやるようになって、そういうことができていたときは監督やコーチに褒めてもらえたし、今、ピッチングをしているとき頭を使えるようになったのも、あのときがあったからこそですね」

そんな術に加え、球速も142キロも出した。最後の最後でひっくり返してのベンチ入り。「あきらめないでやってきて良かった」と京己はうれしさでいっぱいだった。

だが、その気持ちはすぐ封印した。それは、「一緒にベンチ入りしよう」とずっと頑張ってきた優士がベンチ入りできなかったからだ。すごく悔しいはずなのに、その優士が一番最初に京己のところにきて、「おめでとう」って声をかけてくれたのだ。二人が一緒にベンチ入りを果たすことはできないのはわかっていた。だから、どっちが泣くことになるのはわかっていた。優士が外れ、悔しいながらも自分に声をかけたことに京己はたまらない気持ちになり、うわっと涙があふれた。「優士の分まで頑張るから……」2人は抱き合ってしばらくの間泣いていた。


それから2週間ほどたち、第99回福島県大会が開幕した。開会式では、第1シードということで、一番最初に入場行進。あづま球場の地を踏みしめながら、京己は感じていた。「最後の大会でほんとに行進ができている。これは夢なのかな。現実なのかな……」と。そして、「うれしいけれど、自分はここから戦いにいくんだ。メンバーに入れず悔しい思いをしているヤツらの分まで絶対やるんだ」そう思って開会式を過ごした。

迎えた2回戦の喜多方高校戦、京己に登板のチャンスがやってきた。先発投手が6回まで投げ、7回から登板。夏独特の空気感に圧倒され、「すごく緊張しました。足が震えてました」という京己は、先頭打者にいきなりセンター前ヒットを打たれた。だが、その打たれた球は、なんと145キロ。その球速表示をみていた観客からどよめきが起こった。「聖光にこんなピッチャーいたんだ！」「145だって、すげーな！」。145キロを打たれたことで逆に開き直れたという京己は、そこから全部まっすぐで三者連続三振。圧巻の出来！　次の回も投げたかったが、コールド勝ちで試合終了した。チームは、そこから勝ち続け、決勝ではいわき光洋をサヨナラで破り甲子園出場を決めた。だが、その後、京己の登板のチャンスは回ってこなかった。

斎藤監督は「いい球を投げてはいたけれど、他にピッチャーがいたからね。これがピッチャーがいない代だったら投げさせていただけど、いたからね」といい、京己も「いつでも投げられる準備はしていたけれど…でも仕方ないですね」と振り返る。

甲子園が決まったときはうれしさでいっぱいの京己だったが、今度は甲子園メンバーがどうなるかが気になってくる。というのも、県大会は20人ベンチ入りできるが、甲子園は18人に減らされるからだ。

1番から順番に名前が呼ばれていく…10番、11番…とピッチャーが呼ばれ、17番、18番……以上。

京己の名前は呼ばれなかった。

甲子園出場決定も、まさかのメンバー外

斎藤監督は18人の名前を読み上げた後、京己がベンチを外れた理由を話した。「今までの経験値を含めて考えたとき、こういうメンバーになった」と。「それを聞いたとき、涙が出てきてました。止まらなくなりました」

話が終わった後、キャプテンの仁平が京己のところにきて、「お前の分まで頑張るから」と。他にも優士ら数人が京己のところにきたそうだが、「あのときのことって覚えてないんです。覚悟はしていたけど、本当に入れなかったんだ、そう思ったらただ涙が出てくるばかりで…誰に何を言われたとか全然頭に入ってこなかったです」

その後、監督に呼ばれ、「辛いと思うけど、甲子園でベスト8までいって国体にいったら、お前をベンチに入れるから。腐らず頑張れ」と京己に声をかけた。それを聞いて、また涙が止まらなくなった。

悔しくてたまらなかったが、「いつまでも引きずっていても変わらないので…」という京己は次の日からパッと切り替えた。バッティングピッチャーとして甲子園に帯同することになり、「チームメイトのためにできることがあるなら、一生懸命やろう」と。〝甲子園出場チーム〟の聖光打線相手に投げることは自分にとってもプラスになる。指導者に自分をベンチ入りさせなかったことを後悔させるぐらいのピッチングをしよう。それが、指導者への恩返しであり、チームに貢献することになる。そう自分に言い聞かせ、気持ちもあげていった。

大阪入りしてすぐの甲子園練習では、監督がマウンドに上がらせてくれ、投げさせてくれた。「今のうちに投げろ、と言ってくれて、『いいのかな』と思いながら全力で投げました。甲子園のマウンドは、特別な感じがしました。投げられるなんて思っていなかったので、ありがたかったです」。全力で5球投げた後、育成チーム時代からいろんなことを語り合ってきた仁平にもマウンドから投げた。「打て!」って思って投げた球を、仁平は本当に打った。ライトスタンドに突き刺さるホームラン。「あいつに甲子園でホームランを打ってもらえてうれしかった」と京己は振り返る。

翌日からの練習でも、毎日1~2時間投げ続けた。ビュンビュン投げた。球速は1

40キロを超える。県大会のときより球のキレも増し、そんな球に、仲間のバットが空を切る。仲間は言った。「お前が同じチームで良かったよ。これが相手校のピッチャーだったら打てないよ」と。

京己の生きのいい140キロ超えの球を連日打って目が慣れていた聖光打線は、甲子園が開幕すると、1回戦、2回戦としっかり打って勝った。アルプスで見ていた京己は、「自分がベンチに入ってるとか入っていないとか関係なくて、ずっと一緒にやってきた仲間だし、このチームで甲子園優勝したかった。あと4つ勝って優勝したい。頂点に立つところを見たい、本当にそう思って本気で応援していました」と京己。だが、3回戦で広島の広陵に敗れた。中村奨成に決勝ホームランを打たれ、終わった。

試合が終わり、広陵の校歌が流れる。仲間たちが、うなだれながらアルプスに挨拶にきた。そのあたりでは涙は出なかった。だが、アルプスを出て、球場の外に出たところで石田コーチに会い、アルプスのメンバーで「ありがとうございました」とあいさつをしにいった。石田安広コーチに、「お疲れさん」と頭をポンポンと優しく触られたとき、京己はとたんに涙が出たという。「あぁ…高校野球が終わったんだなって実感して。あぁ、もっとやりたかった…そんな思いがあふれてきたんだと思います」

バスで宿舎のホテルＮＣＢに戻ると、メンバーと帯同している選手たちは〝月の間〟に集合した。ラストミーティングだ。

みんながそろうと、斎藤監督がいきなり叫んだ。

「くそー！　日本一取りたかった！　悔しい！」って。

その声で、みんなが一斉に泣き始めた。京己も、泣いた。

「もっとやりたかったよお前たちと。お前らの代で日本一取りたかったよ」と続けると、すすり泣きが嗚咽に変わっていく。

「最初は史上最低最悪のチームだと思ったけど、そこからよくここまできた。お前らで優勝したかった…」

それから、斎藤監督が一人一人のところに行って声をかける。順番に周り、京己のところにくると、目を見て言った。「ここまで苦しかったな。でもよくやった。お前はこれからだからな。これからお前の時代が来るから」と。京己はその言葉に「はい」と言って頷いた。

それからしばらく、〝月の間〟に、みんなのすすり泣く声が響いていた。

燃やしきれなかった思いを胸に富山へ

高校野球が終わり、京己は新たな目標を立てた。「プロ野球選手になること」だ。ずっと思っていたことだけど、なかなか口にはできなかった。ケガをしていたし、経験も実績もないからだ。でも、高校野球を実質半年しかやっていないから、あと1年か2年、本気で野球をやって、絶対にプロに行く。斎藤監督にも「お前は高校野球をあと1年やったら絶対プロにいける。でも、もう一緒にここではできない。卒業だ。だから、ここからは慌てずしっかり体を作ってプロに行け」と言われた。京己も「絶対いく」と心に決めた。

本当のことを言えば、東京六大学野球で野球がやりたかった。だが、セレクションは受けたが、通らなかった。AOでも受けたが、書類が通らなかった。やはり、経験も実績もないからそれは仕方がない。京己は大学から方向転換をし、独立リーグからプロを目指す決意した。その方が、早ければ1年でプロにいけるから。

引退して3カ月後、京己はBCリーグの富山サンダーバーズから1位指名を受けた。その後、富山サンダーバーズの監督に、もとヤクルトのプロで伊藤智仁氏が就任することが決まった。プロで活躍したピッチャーから指導を受けられるなんて、また一つ、京己のプロへ続く道の環境が整った。

そんな京己に聞きたかったことを聞いてみた。三重から福島の聖光学院まできた高校野球、振り返ってどうだったのかと……。

「聖光学院にきて本当に良かったです。ケガをしていた1年10カ月ぐらいの時期は本当に苦しかったけど、あのとき、マネージャーをやらせてもらって、いろんな経験ができました。選手だったらわからないこと、気づけなかったことも気づけたし、経験できないことも経験できた、他の高校だったらできないような経験もできました。それは自信を持って言えます。野球は半年もやれていないけど、ここにきて良かったと自信を持って言えます。あの苦しい日々があったから、今も頑張れています」

京己は今、富山の高岡で生き生きと野球をしている。

「僕は野球がやりたかったんです。それも、レベルが高い中で、集中してしっかりやりたかった。今はそれができていることがすごくうれしいです」

京己を悩ませた成長痛のおかげで、高校入学時に175センチだった身長は183

センチまできた。プロとして勝負するにも申し分のない体格だ。球速も、まだまだ上がっていきそうな勢いだ。

体の痛みも心の痛みも、大きな苦しみも知っている京己だからこそ、これからも自分に厳しく、でも、野球を楽しみ、そしてファンを喜ばせ楽しませ、そして愛される選手として進んでいくことだろう。

あとがき

そしてこの夏、13番目の物語が日本各地で始まる

「こんな展開は小説でも書けない」

そんな言葉が毎年のように起こる。それが高校野球の世界だ。日々時に効率性の悪い練習に取り組み、4000分の1しか確率のない全国の頂点を目指し、それでも旗色が悪い中でも試合に臨み、例外なく高校野球を終えると選手たちは泣く。一般社会で暮らしている方々は時に不思議に思うだろう。「引かれたレールの上に乗っかる人生の方が楽なのに、彼らはなんでそんな人生を左右するわけでもない1スポーツで、そこまで打ち込み、感情をあらわにしているのか？」と。

もちろんそこには指導者、選手たち、環境、対戦相手、さらに現代の気質……。様々な状況が絡み合っている。だが、事の本質は100年以上前、高校野球の全国大会が始まった時から変わっていない。それは、年の離れた指導者と、一番人間が変化できる年代である高校生たちとが日々顔を合わせ、本気で「1つの目標＝公式戦1勝、甲子園出場、甲子園優勝」を目指すことによって生み出される熱量。それこそが野球部

を超え、学校や地域をも熱くし、ナチュラルな感動を見ているものに生み出す。その循環こそが単なる「野球」でなく「高校野球」がスポーツを超え、日本の一文化となっている要因だと筆者は考える。

この本にはそんな熱量の一部、12の物語が収められている。たった2人の部員と監督の話、女子監督の話、東日本大震災によって大きく変わった環境を受け入れ前に進む話など、いずれも様々な人々が本気で手を取り合ったからこそ、生まれた物語。もし「何かを変えて前に進みたい」と思った時、この本がその一助になれば、こんなに嬉しいことはない。

そして、この夏、日本中で13番目の物語が紡がれることを願っている。

寺下友徳

【編者】

寺下友徳（てらした・とものり）[第3〜5話]

1971年生まれ・東京都出身。國學院大學久我山高卒業後、亜細亜大へ進む。2004年10月からフリーライターとなる。2007年2月からは地方創生を期して愛媛県松山市に居を構え、現在は四国の野球を中心としたスポーツを全世界に発信する。主な執筆媒体はwebが「高校野球ドットコム」、「スポーツナビ」、雑誌が「ホームラン」「週刊ベースボール」「野球太郎」「サッカーマガジン」「サッカーダイジェスト」など多数。2018年からはサッカーJ2・カマタマーレ讃岐のオフィシャルマッチデープログラム執筆も担当している。

【執筆者】

高橋昌江（たかはし・まさえ）[第1〜2話]

少年野球からプロ野球まで幅広く“野球”を取材し、多方面に寄稿している。大学卒業後、フリーライターとなり、東北地区のアマチュア野球を中心に取材活動をおこなっている。「ホームラン」「ベースボールマガジン」「野球太郎」などに寄稿。

尾関雄一朗（おぜき・ゆういちろう）[第6話]

1984年生まれ、岐阜県出身。名古屋大を卒業後、新聞記者を経て、現在は地元・東海地区のアマチュア野球（高校・大学・社会人）を中心に取材。雑誌『野球太郎』『ホームラン』『輝け甲子園の星』、高校野球部向けフリーマガジン『Timely!』などで記事を発表している。

水谷豊（みずたに・ゆたか）[第7話]

大府高卒業後、大学へ通いながら母校野球部の学生コーチを務めた。大学卒業と同時にフリーのライターとして活動を開始。現在、スポーツ誌を中心に寄稿している。選手の分析をすることや配球を考えることに長ける。雑誌等ではライターだけでなく撮影もこなす。

馬場遼（ばんば・りょう）[第8〜10話]

1994年1月生まれ。滋賀県大津市出身。立命館大学産業社会学部に入学し、スポーツ新聞部の立命スポーツ編集局に入部。2017年2月にフリーライターとなる。現在は「野球太郎」「輝け甲子園の星」「月刊陸上競技」などに寄稿。

瀬川ふみ子（せがわ・ふみこ）[第11〜12話]

福島県出身。新聞記者を経てフリーライターとなる。中学硬式野球の試合を中心に、年間300試合近く観戦。リトルシニア、ボーイズ、ヤングなど中学硬式野球の取材を時間の許す限り重ねる。一男一女の母でもあり、2017年夏には、長男は選手として、長女はマネージャーとして甲子園出場。執筆業と母業にと日々駆け回っている。

高校野球で本当にあった心温まる物語

2018年7月16日　初版発行

編　者　寺下友徳
発行者　野村直克
発行所　総合法令出版株式会社
〒103-0001　東京都中央区日本橋小伝馬町15-18
ユニゾ小伝馬町ビル9階
電話 03-5623-5121

印刷・製本　中央精版印刷株式会社

ISBN 978-4-86280-630-7
総合法令出版ホームページ　http://www.horei.com/